FIONA MACLEOD

DAS FERNE LAND DES GLANZES UND DES SCHRECKENS

Naturmagische Geschichten der Inselkelten

Aus dem Gesamtwerk ausgewählt und vorgestellt von
Sylvia Luetjohann

edition Tramontane

Die Auswahl wurde aus der siebenbändigen Gesamtausgabe *The Collected Works of Fiona Macleod* (William Sharp), Uniform Edition, London 1910, zusammengestellt.

Für das Vorwort wurde die Biographie *A Memoir of William Sharp* von Elizabeth A. Sharp, London 1910, herangezogen.

Aus dem Englischen übersetzt von Sylvia Luetjohann.

Die Fotos hat Ursula Graubner in den Schottischen Highlands, auf den Inneren Hebriden (Skye) und der Insel der Apfelbäume (Arran) aufgenommen.

Titelbild und Gesamtgestaltung von Peter Craemer.

1. Auflage 1986

Lithografische Arbeiten: ORZ, Düsseldorf.
Satz: Typografischer Betrieb Zero, Rheinberg.
Druck und Bindung: Wilhelm Röck, Weinsberg.

ISBN 3-925828-02-8

INHALT

WORTERKLÄRUNGEN

Annir	Mädchen
Annir-Choille	Waldnymphe
Ardrigh	Großer König, Hochkönig
Birlinn	Barke (eigentlich »Einbaum«)
Clàrsach	Harfe
Dun	befestigter Turm, Burg
Feadan	»der Singer« — Flöte, Haferpfeife
Frith	Schicksalszauber
Geas	Eid, Gelübde
Grianân	»Lusthaus«, Sonnenlaube, nach dem Sonnengott Grian
Lios	Gartenanlage als Sommerwohnsitz
Maormor	Häuptling
Ogham	altkeltische Runenschrift

fëy	etwa: das »zweite Gesicht« oder eine (hell)seherische Begabung haben
shee	zauberhaft
Duinshee	Elbenmann, Zwerg
Fonnsheen	alte Lieder, Elbengesänge
Magh-Mell	das Elbenreich
Sidhe (Sithe)	das Verborgene Volk, die Elben
Cathair-Sith	die Elbenstadt

Tuatha Dé (Tuatha de Dannàn)	das alte Geschlecht der Götter des Wachstums, Lebens und Lichtes
Tir-n'an-Òg	Land der Ewigen Jugend
Hy Bràsil	Land der Seligen; das Paradies

Ioua	frühkeltisches Wort für den Mond — alter Name von Iona
Emhain Abhlach	»die Insel der Apfelbäume« — die Insel Arran, oft gleichgesetzt mit Avalon

Manainn	»die Insel des Manannan« — die Isle of Man
Innse Gall	»die Insel der Galler« (das heißt, der Fremden oder Skandinavier) — die Hebriden
Lochlin	allgemeinde Bezeichnung für die Heimat der Wikinger (vor allem Dänemark)
Alba	Schottland
Armorika	die Bretagne
Eireann (Eiré)	Irland

VORWORT

FIONA MACLEOD ODER DIE ANIMA CELTICA

Ich bin vor mehr als tausend Jahren in dem fernen Reich des Gälentums geboren, das als die Hügel der Träume bekannt ist. Dort habe ich den größten Teil meines Lebens verbracht. Der Name meines Vaters ist Romantik, und meine Mutter heißt Traum. Ich besitze kein Bild meiner Heimat, doch ist diese leicht zu finden, denn sie liegt genau unter der Wölbung des Regenbogens im Westen. Auch von mir selbst kann ich kein Foto schicken. Das letzte, das ich besaß, fiel in die Heide und ist nun ohne Zweifel in die Waben der wilden Bienen gelangt . . .

Dies ist nicht etwa die Einleitung zu einem Feenmärchen, sondern steht in einem Brief der schottischen Dichterin Fiona Macleod an einen ihrer Leser. Das Phänomen »Fiona Macleod«, gegen Ende des letzten Jahrhunderts schon mit ihrer ersten Buchveröffentlichung zur Führerin einer neuen Keltischen Renaissance erhoben, deren geheimnisumwitterte Spuren als zweiter Ossian oder »weiblicher James Macpherson« von den Forschern verfolgt wurden, war ein ebenso großes Rätsel wie ungewöhnliches Ereignis für die literarische Welt. Was verbirgt sich dahinter?

Fiona Macleod wurde als *William Sharp* am 12. September 1855 in Paisley im Westen von Schottland geboren — ein Land, wo nach seinen Worten »Freude und Melancholie eins sind und Jugend und Alter Zwillinge« und das ihm immer eine *Seelenheimat* geblieben ist. Die formgebenden Einflüsse für seine späteren Werke reichen bis in die Kindheit zurück. Er hatte eine Kinderfrau aus den Highlands, die ihm alte keltische Sagen und Geschichten aus dem Elbenland erzählte und gälische Lieder vorsang; sie vermittelte ihm dadurch nicht nur Erzählstoffe, sondern auch den diese durchwehenden Geist aus »Träumen und Tränen«. Er verbrachte jeden Sommer mehrere Monate lang mit seiner Familie an der schottischen See, in den Highlands, auf den Inneren Hebriden oder der Insel Arran und wurde von seinem Vater früh ins Schwimmen, Rudern und Fischen eingeführt. Eine tiefe Verbindung, ein Gefühl des Einsseins mit »Wind, Wasser und Wald« scheint ihm angeboren gewesen zu sein. Als er etwas älter war, knüpfte er selbst viele freundschaftliche Kontakte zu Fischern, Hirten, Wandermusikanten und auch einem umherziehenden Zigeunerstamm, mit dem er einige Monate durch die Heide zog. Da er die gälische Sprache beherrschte, konnte er das Vertrauen der Einheimischen gewinnen und viele Geschichten von ihnen erfahren.

Schon früh gab es Anzeichen für sein Anders-Sein, sein zweites Selbst. Ein ausdrucksstarkes Phantasie- und Traumleben, seine *weibliche* Seite, ist aufs engste mit seiner Beziehung zur Natur verknüpft, aus der er seine Inspiration empfängt und die seine oft geschwächten Kräfte zu regenerieren vermag. Das Leben sei nur froh »in der offenen Natur« und nur schön aufgrund seiner Träume, sagt er in einer späteren Lebensphase resignativ. Er nennt diese Wesensseite *das grüne Leben*. Das Grüne Volk, die Baumgeister und Waldnymphen, das Verborgene Volk der Little People, die *Sidhe* oder Elben, werden in seinen Geschichten das Erlebnis einer ganz und gar greifbaren Realität vermitteln. Es sollte hier hervorgehoben werden, daß die Farbe *Grün* in der keltischen Mythologie mit Leben und Jugend, aber auch mit Unsterblichkeit und dem Übergang in die grüne Welt der Seligen zu tun hat, wie die Doppelfunktion des Gottes *Angus Òg* und die Rolle des *Grünen Harfners* als Todesboten zeigt. Für unseren Autor ist der Begriff *Grünes Leben* auch mit jenen »Gärten des psychischen Bewußtseins« verbunden, die er betritt, wenn er eine Art von »Kribbeln im Gehirn« verspürt und die Grenzen des Physischen hinter sich läßt. Am Schluß einer seiner Erzählungen scheint er von sich selbst zu sprechen, wenn es heißt:

> *Alan kannte jene merkwürdige Sehnsucht des Geistes nach unmöglichen Dingen. Dann, als er eine Zeitlang seiner Vision des grünen Lebens gefolgt war und entflammt von einem anderen grünen Feuer als dem, das aus der Erde entsteht, träumte er seinen Traum.*

Ein besonderer naturmagischer Aspekt in diesem Erzählwerk ist die Faszination des *Wassers*, das eine starke Beziehung zum Unbewußten hat. Das Leitmotiv der *wandernden Woge* kehrt immer wieder — auch in seinem eigenen Leben, das sich durch Rastlosigkeit und ständigen Ortswechsel auszeichnet. Mitten im Winter kann er in London den »Ruf der See« hören und *muß* diesem auf die Insel Arran folgen. Doch das unruhige Wasser im Blut, *Brònavara* oder Die Sorge der See, kann auch die Form eines anderen, eines glücklicheren Zaubers annehmen, der mit Freude und manchmal mit verzückter Begeisterung verbunden ist. Schon Aischylos hat diesen Ton zum Klingen gebracht, dessen Echo seitdem in der Dichtung widerhallt und vor allem durch die Literatur des Nordens schwingt. Die skandinavische Literatur ist voll von salzigen Tränen, und es gibt keine Wikinger-Saga, die nicht naß von der Gischt hochbrandender Meere ist. Durch alle frühen Erzählungen und Lieder der Gälen spürt man den Rausch durch den blauen Wein der rinnenden Woge. In den isländischen Sagas ist sie wie schmetternde Schilde zu hören, und durch die Gesänge Ossians ruft sie wie eine Flut. Jeder gälische Dichter erfreut sich am Ruf der See und neigt sich vor ihm wie vor einer göttlichen Stimme, und in jedem gälischen Lied aus der Verbannung ist ihr Klang, so wie er in den Windungen einer Muschelschale rauscht. Die ganze alte Welt singt von der mächtigen grünen Wildheit der Wasser und den schaumüberschwemmten blauen Fluren, dem Schrei des Windes und dem Gesang der Wellen und dem scharfen Stachel der treibenden Windbö. Doch über die Natur hinaufgehoben in luftige Höhen wird das Wasser durch seine Transparenz, seine leuchtende Durchsichtigkeit: Dies ist sein letztes und größtes Rätsel, und obwohl es nur einen Teil vom Zauber der See ausmacht, ist gerade dieser es, der ihre geheimnisvolle Freude und ihre nicht mitteilbare Magie schafft.

William Sharps Beziehung zur Natur und die Geschichten von Fiona Macleod spiegeln nicht einfach nur ein tiefes Einfühlen in die Natur wider, sondern in die *keltische Schau der Natur*; diese ist in gewisser Weise tragisch und von einer eindeutig *heidnischen Lebensfreude* erfüllt. Mit seinen eigenen Worten:

> *Tief und kraftvoll liegt das keltische Heidentum unter der flüchtigen Oberflächenströmung von Christentum und Zivilisation, wie die Meerestiefe unter dem Kommen und Gehen von Ebbe und Flut. Niemand kann den schottischen Gälen verstehen, der die kraftvollen heidnischen und in der Tat elementar barbarischen Kräfte hinter allen äußeren Erscheinungsformen außer acht läßt oder vergißt.*

»Barbarische Geschichten und Mythen aus alten keltischen Zeiten, in Träumen von Schönheit wiedereingefangen« — in diesem Untertitel einer Geschichtensammlung sind die wichtigsten Elemente von Fiona Macleods Erzählwerk benannt. Doch fürs erste verweilt das psychische Traum-Selbst sozusagen im Halbschlaf, auch wenn William Sharp niemals vergißt, daß da eine andere Seite in ihm nach Ausdruck drängt. Auf Wunsch der Familie beginnt er zunächst in Glasgow mit einem Studium und arbeitet auch kurz in einem Rechtsanwaltsbüro; in dieser Zeit stellt sich jedoch mehr und mehr seine innere Berufung zur Literatur heraus. Nach einer Australien-Reise, die er aufgrund seiner schwachen Gesundheit unternimmt, läßt er sich 1878 in London nieder. Er hat eine (schlechtbezahlte) Anstellung bei einer Bank und erlebt wahre Hungerjahre in seinem Bemühen, sich als Schriftsteller durchzuschlagen.

Sein ganzes Leben erfährt eine einschneidende Veränderung durch die Bekanntschaft mit *Dante Gabriel*

Rossetti, dem Maler-Dichter der Präraffaelitischen Bewegung. Aufgrund einer tiefen Begeisterung für dessen Gedichte sucht er diesen Anfang 1880 persönlich auf. Noch im Herbst des gleichen Jahres bestehen durch die vielfältigen Kontakte zu literarischen Kreisen, in die er von Rossetti eingeführt worden ist, gute Aussichten für eine schriftstellerische Karriere, und im Frühjahr 1881 hat William Sharp es »geschafft«: Er kann sich in den folgenden Jahren als Essayist, Biograph, Literatur- und später auch Kunstkritiker einen Namen (und ein halbwegs gesichertes Einkommen) machen. Zu seinem Freundes- und Bekanntenkreis gehören Robert Browning (über den er, wie auch über Rossetti, eine Monographie verfaßt hat); A. C. Swinburne, Robert Louis Stevenson, Walter Pater, William Morris und Oscar Wilde. In Frankreich trifft er Emile Zola, Alphonse Daudet und Frédéric Mistral, und auf einer seiner USA-Reisen hat er eine beeindruckende Begegnung mit Walt Whitman kurz vor dessen Tod.

Als Rossetti im Frühjahr 1882 überraschend stirbt, trifft ihn der Verlust sehr. Rossetti ist ihm nicht nur Gönner, sondern auch Freund gewesen und hat ihn — wie später vor allem William Butler Yeats — durch konstruktive Kritik zu der Arbeit seiner »Fiona«-Seite ermuntert. In der Tat hat die Präraffaelitische Kunstauffassung mit ihren Stilelementen großen Einfluß auf ihn ausgeübt.

Die *Präraffaelitische Bruderschaft* ist eine idealistische und dem Symbolismus zugerechnete Kunstrichtung in England gewesen, als deren »Vorläufer« unter anderem *William Blake* und seine Nachfolger Samuel Palmer und Edward Calvert, *The Ancients*, zu betrachten sind. Sie lehnt die realistische und rationalistisch bestimmte Haltung des ausgehenden neunzehnten Jahrhunderts ab und setzt dieser Werte wie *Schönheit, Natur, Inspiration, Traum* und *Mystifikation* entgegen. Überspitzt gesagt tritt, nach präraffaelitischer Kunstauffassung, Schönheit an die Stelle von Gott und Natur an die Stelle Seines Gesetzes. Rossetti selbst hat in einem seiner Prosastücke geschrieben:

> *Von Zeit zu Zeit hat ein Dichter oder Maler die Musik jenes paradiesischen Gartens eingefangen und hat sich zwischen seinen dicht wachsenden Stämmen verirrt. Etwas wie ein Bann liegt auf seiner Hand und seinen Lippen, wie der Schlaf der Lotos-Esser, und sein Bericht darüber kann nur sehr verschwommen und unbeständig sein; doch mögen wir unsere Augen und Ohren öffnen und bereit sein für jenes Lied, denn es hat Bruchstücke einer verzauberten Harmonie in sich, und die flüchtigen Einblicke sehen das Paradies.*

Nach dem Tode Rossettis schreibt William Sharp:

> *Wir alle suchen nach einem Verlorenen Paradies. Die ideale Schönheit verfolgt uns bei Tag und bei Nacht in Träumen von Wachsein und Schlaf . . . Es ist möglich, daß wir, Vertriebene aus dem Paradies der direkten Erfahrung, mehr und mehr dazu gezwungen sind, Zuflucht im Hafen unserer eigenen Träume zu nehmen . . .*

Der wichtigste Vertreter dieses Kunst- und Lebensgefühls ist für ihn Rossetti gewesen. Doch auch er selbst ist, nach den Worten von Ernest Rhys, in seinen Wahrnehmungen, den künstlerischen Ideen und ihrer Ausführung der geborene *Romantiker und Illusionist,* der Orte und Menschen nicht so sieht, wie sie »wirklich« sind — und dies auch gar nicht anstrebt. Es geht ihm vielmehr darum, »Schönheit zu erschaffen, etwas von den unmöglichen Liedern zu singen, etwas von dem Lebensrhythmus zum Ausdruck zu bringen, der mich am meisten berührt hat«. Das scheint ihm gelungen zu sein, denn W. B. Yeats wird später sagen:

> *Fiona Macleod hat, im Unterschied zu anderen Autoren, die Handlungen von Männern und Frauen darstellen, die Kunst des Mythenschöpfers wiederentdeckt und gibt den Freuden und Leiden eine sichtbare Form, läßt diese wie Realitäten erscheinen und Männer und Frauen dagegen wie Illusionen. Geister wie sie haben Aphrodite aus Liebe und Meeresschaum entstehen lassen und Prometheus aus dem menschlichen Denken und seiner Ähnlichkeit mit einer lodernden Flamme.*

Durch »Fiona« wird eine Verbindung geschaffen von keltisch-gälischer Überlieferung und Naturauffassung mit präraffaelitischen Elementen, und ihre Handschrift ist geprägt vom schwermütig-elegischen Stil des Nordens und der, bisweilen überladen wirkenden, Bildersprache des Symbolismus. Die Keltische Renaissance um die Jahrhundertwende ist, nach William Sharps Ansicht, nicht der Versuch, die Vergangenheit zu rekonstruieren, sondern die neue Generation der anglo-keltischen Schreiber will der »Schönheit im Herzen der Dinge« Ausdruck geben und blickt dabei auf die Erinnerung an ihre Vorfahren und deren »instinktives Lebensgefühl«.

> *Ich würde für mich sagen, daß ich nicht alte keltische Schilderungen von tragischer Schönheit und Schicksalhaftigkeit reproduzieren will, sondern in der Natur, im Leben und in dem gleitenden Gedanken der zeitlosen Vorstellungskraft jene Art von Schönheit suche, die von den keltischen Poeten entdeckt und zum Ausdruck gebracht wurde. In jenen alten Tagen gab es Dichter und Mythenschreiber — und auch heute wird ein neuer Mythos gewoben, obwohl wir ihn nicht mehr mit dem alten Er-Staunen betrachten mögen oder aus diesem heraus die Kräfte der Natur und ihre schweigenden und rätselhaften Prozesse mittels der Vorstellungskraft formen und nachmalen . . .*

Ich suche nach Schönheit, nicht nach schönen Dingen steht als Motto über dem »Reich der Träume« — und genau dieser Gedanke von Schönheit zieht sich auch durch die keltische Überlieferung. Die alten Dichter und Romanzenschreiber haben instinktiv die Darstellung eines schönen und erhabenen Lebens befolgt; es gibt keine bretonischen Balladen, keine kymrischen *Mabinogi* oder gälischen *Sgeulan*, die dieses Gesetz mißachtet hätten. Es geht nicht um die Darstellung der Blumen des Schönen im Leben, sondern auch um die Wurzeln und die Erde und den frischen Lebenssaft. Alle Leidenschaften und selbst Laster sind in ihren

Werken vertreten — doch sie spielen vor einem geistigen Hintergrund »aus Wunder und Er-Staunen, von tragischer Schicksalhaftigkeit und Schönheit«.

Das keltische Volk, das in der harten Realität der Geschichte einen Kampf nach dem anderen verlor, hat seine Träume oft für imaginäre Realitäten gehalten. Das Land, welches dieses Volk am meisten liebt, ist nicht das wirkliche Schottland, Irland, die Bretagne, sondern das verschwommen ungreifbare Land der Ewigen Jugend, das schattige Land der Herzenssehnsucht. Das heißt, es hat allzusehr zwischen ersehnten Illusionen gelebt: die schön sind, wenn sie — wie der Regenbogen — die geistige Widerspiegelung von Gewißheiten sind; doch wertlos wie das Gold unter dem Regenbogen, womit das Verborgene Volk der *Sidhe* den Unvorsichtigen täuscht, der das Trugbild einer spirituellen Sehnsucht für die greifbare Wirklichkeit hält.

Fiona Macleod träumt jedoch nicht von einem unwirklichen, sondern zumindest von einem *vorstellbaren Ideal.* Dafür liebt sie diese Erde viel zu sehr. Auch die *Liebe* ist für sie nicht allein die Grundlage für ein vergeistigtes Leben, sondern findet in fast allen ihren Geschichten Ausdruck in ihrer »heidnisch«-sinnlichen Form, die überhöht wird in *Mirdhei,* der ekstatischen Liebe: »die Leidenschaft, die tiefer als Leidenschaft ist und den Körper vergessen läßt; der Traum, der jenseits des Träumers liegt«.

Auch William Sharp träumt seinen Traum weiter — doch seine Doppel-Natur macht es ihm nicht leicht. Nicht nur seine angegriffene Gesundheit, sondern auch die »wandernde Woge in seinem Blut«, die sich gegen alles Festgelegte, Starre und Unvermeidliche richtet, treibt ihn zu ständigem Ortswechsel, einer rastlos anmutenden »Wanderlust«. Außerdem richtet sich sein innerer Druck nach Gestaltung von jenen Dingen, die ihm am Herzen liegen, gegen jede Seßhaftigkeit. So oft wie möglich verläßt er London, lebt auf dem englischen Land, fährt an die schottische See und dann immer häufiger in den europäischen Süden: nach Italien (Rom), Griechenland, in die Provence und später dann meist nach Sizilien, wo er als erst Fünfzigjähriger sterben wird.

Heilsam und störend zugleich spürt er auch das »Fieber des grünen Lebens« in seinen Adern: die »ursprüngliche elementare Seele«, die unter der Kleinlichkeit des konventionellen Lebens verborgen ist. Er erfährt darin aber auch einen Zustand, der ihn nur schwer mit anderen Menschen ruhig zusammen sein und oft jegliche Routine radikal unterbrechen läßt; der ihn mit nicht ausdrückbarer Erschöpfung erfüllt und einer nostalgischen Sehnsucht nach unmöglichen Dingen. Nicht nur in der frühen Londoner Phase seines harten Existenzkampfes, sondern gerade auch in seiner literarischen Erfolgszeit als Kritiker, die den vollen Einsatz seiner »männlichen« Verstandesfähigkeit verlangt, muß er seiner »weiblichen« Seite, dem Traum-Selbst des grünen Lebens, ein erzwungenes Schweigen auferlegen. Doch selbst schon in dieser Zeit wird hin und wieder alle bewußte geistige Kontrolle durch das innere Selbst wie weggewischt; ein Traum, eine Vision, ein durch Krankheit herbeigeführter Schwächezustand, eine Idee aus dem »Geist hinter dem Geist« drängt an die Oberfläche und löscht alles Bewußte aus. Der Dichter ist dann »tot für die materielle Welt und lebt auf der anderen Seite der Dinge«. In diesem Zustand schreibt er fast unbewußt, und die schriftlichen Zeugnisse aus solchen Phasen hat er oft vernichtet; später werden diese Impulse jedoch häufiger, verläßlicher und zusammenhängender, und diese Seite seiner Natur wird ihren kontinuierlichen Ausdruck in den Werken von »Fiona Macleod« finden.

Ab 1888 veröffentlicht er, neben seiner Brotarbeit, Vorläufer zu seiner späteren »Fiona«-Schaffensphase. Dazu gehört die Sammlung *Romantic Ballads and Poems of Phantasy*, worin er die Überzeugung vertritt, daß eine *Romantische Erneuerung*, ein »wirkliches Erwachen von echtem romantischem Gefühl in der poetischen Literatur« unmittelbar bevorstehe.

In seinen Schriften hat William Sharp, vor der Annahme des Pseudonyms »Fiona Macleod«, häufig noch eine Synthese aus seinen beiden Hälften versucht, die er mit der Veröffentlichung von *Pharais* (1894) dann strikt voneinander trennen wird — dies auch schon aus dem Grunde, weil die Kritiker auf Fionas Spuren durch Stilanalysen immer kurz vor der Enthüllung seines Geheimnisses standen.

Das Jahr 1892 sieht das kurzfristige Projekt einer Übergangsphase: Auf seinem Landsitz in Sussex, in für William Sharp ungewohnt ruhigen und idyllischen Lebensverhältnissen, entsteht die nur einmalig erschienene Zeitschrift *The Pagan Review*, die ganz einem »heidnischen« Lebensgefühl gewidmet ist; sie bringt eine starke Kraft innerhalb der jüngeren Generation zum Ausdruck, die sich dem Leben in all seinen Aspekten zuwendet und damit einer der Wegbereiter für die Keltische Renaissance ist.

Die 1893 entstandenen *Vistas* sind »dramatische Zwischenspiele«, deren Entstehung teilweise schon auf die Phasen nach einer langen schweren Krankheit 1886 zurückgeht: Einblicke in das innere Leben, psychische Episoden, die man unter das Motto *Betrete mit mir die dunkle Zone der menschlichen Seele* des spanischen Novellisten Emilia Pardo Bazàn stellen könnte. In dieser Phase ist der Einfluß von Maurice Maeterlinck deutlich zu spüren; die Geschichten sind noch stark individualistisch geprägt, mit der offensichtlich persönlichen Stimme des William Sharp, während durch Fiona Macleod die großen Mythen sprechen werden.

Als echter stilistischer Wendepunkt sind schon die früher erschienenen *Sospiri di Roma*, ein in Italien entstandener Gedichtband, zu sehen. Auf Reime und regelmäßige Metren wurde verzichtet, und eine teilweise antike, doch durchaus auch keltisch geprägte leidenschaftliche Freude am Leben und eine ekstatisch anmutende Verehrung von Schönheit durchziehen die Verse.

Ein noch entscheidenderer Wendepunkt, auch äußerlich, ist 1894 die Veröffentlichung von *Pharais*, einer »keltischen Romanze«, die erfüllt ist von dem träumerischen und rätselhaften gälischen Geist und direkt von den Inseln der Toten zu kommen scheint. Mit diesem Werk wird in Schottland eine neue literarische Bewegung ausgelöst, und es ist auch die erste Veröffentlichung unter dem Pseudonym »Fiona Macleod«. Während William Sharp an diesem Buch schreibt, erkennt er, daß es seiner subjektiven Wesensseite entspringt und wie sehr das »weibliche Element« darin dominiert (schon vorher hat er manchmal geglaubt, »zur Hälfte eine Frau zu sein«).

Das Pseudonym *Fiona Macleod* soll ihm spontan gekommen sein. »Fiona« ist ein alter keltischer Name mit der Bedeutung »schönes Mädchen«, die Verkleinerungsform von Fionaghal (Flora). Fiona Macleod ist allerdings auch eine historische Gestalt, nämlich die weniger bekannte Schwester der berühmten schottischen Liederdichterin Mary Macleod, die etwa 1575 geboren wurde und den Beinamen »Nighean Alasdair Ruadh« (die Tochter von Alasdair dem Roten) trug.

In den zwölf Jahren bis zu seinem Tode wurde dieses Pseudonym sorgsam gehütet und war nur ganz wenigen vertrauten Freunden bekannt. Die extrem anmutende Äußerung: »Sollte das Geheimnis entdeckt werden, so stirbt Fiona«, dokumentiert diese Haltung. Sie entsprang dem tiefen Wunsch und Bedürfnis des Dichters nach der notwendigen Abgeschiedenheit, um seine Träume und Visionen weben zu können. Durch die Projektion seines weiblichen Selbst nach außen, sei es auch nur in Form der Namensgebung, konnte er endlich »aus dem Herzen« schreiben:

> *Dieses berauschende Gefühl des Einsseins mit der Natur, diese kosmische Ekstase und Erhebung, dieses Wandern an den äußersten Grenzen der gewöhnlichen Welt, all dies ist so verwoben mit der Romantik des Lebens, daß ich mich nicht ausdrücken könnte, so nachdrücklich-fordernd dieses Bedürfnis ist, durch mein gewöhnliches äußeres Selbst . . . Mein wirkliches Selbst, das unter allen anderen Schichten verborgen ist, und mein innerstes Leben mit sei-*

nen Freuden und Leiden, Gedanken, Gefühlen und Träumen muß seinen Ausdruck finden — doch dies muß in einer verborgenen Form geschehen.

Nach Emma Jung entspricht das »Phänomen Fiona« einer ziemlich einmaligen Form der Beziehung zur *Anima*, die hier einen seltenen Grad von innerer Wirklichkeit erreicht hat. Die »innere Anima« ist eine Umschreibung für die Beziehung zur eigenen Weiblichkeit: zum Unbewußten und der im Unbewußten liegenden Lebensquelle, dem *Archetyp des Lebens.* Diese Verbindung muß bei William Sharp schon in seiner Kindheit existiert haben, denn er berichtet, daß ihm einmal an einem kleinen See in den schottischen Highlands eine schöne weiße Waldfrau erschienen sei, die er als Kind »Sternauge« nennt und später »Dame vom See«; die er schließlich erkennen wird als »die Frau, die im Herzen aller Frauen ist« — die Anima ... Es gibt zwar eine, übrigens im geheimnisvollen Dunkel bleibende Frauengestalt im Leben von William Sharp (die nicht identisch mit seiner Cousine und späteren Ehefrau Elizabeth A. Sharp ist), ohne deren Anregung und Inspiration die Entwicklung von »Fiona«, nach seinen eigenen Worten, nicht möglich gewesen wäre. Doch da seine »innere Anima« so stark ausgebildet ist und von ihm häufig wie eine selbständige Person erfahren wird, die ihm seine Texte »zuflüstert«, braucht er die äußere Projektion auf eine wirklich existierende Frau als *femme inspiratrice* nicht — er muß nur offen für diese Wesensseite in ihm selbst sein. Es kann geradezu erregend auf ihn wirken, die Gegenwart von *zwei* Wesen wahrzunehmen, die sich sehr vertraut und gleichzeitig sehr fremd sind; er ertappt sich manchmal dabei, »auf ihre Schritte zu lauschen und ob sich nicht plötzlich die Tür eines angrenzenden Raumes öffnet« — und ist selbst »gespannt«, wie sich sein nächster Text gestaltet, der unter ihrem Namen erscheinen wird. Zwischen 1894, der Veröffentlichung von *Pharais*, und seinem frühen Tod im Jahr 1905, in einem Zeitraum, in dem etwa ein Dutzend Werke unter dem »Fiona«-Pseudonym veröffentlicht werden, findet ein unaufhörliches Wechselspiel dieser beiden Kräfte, dieser beiden Persönlichkeitskomponenten in ihm statt: einerseits der intellektuell beobachtende und urteilende Verstand, der »Akteur« aus freier Willensentscheidung und andererseits der intuitiv beobachtende und aufnehmende Geist, der »Träumer« aus innerem und unfrei-willigem Impuls.

Der Erfolg bleibt beiden nicht versagt. Die unter »Fiona Macleod« veröffentlichten Werke sind der erste herausragende Beitrag zur *Keltischen Renaissance* von schottischer Seite, und die Autorin wurde damit augenblicklich zur führenden Vertreterin der Highland-Gälen erklärt. Noch 1894 wurde mit der Gründung des Verlages Patrick Geddes & Co. in Edinburgh ein Zentrum der Keltischen Bewegung durch die Verbreitung von literarischen und wissenschaftlichen Werken über das Gälentum geschaffen. Kurz danach wird in Irland, unter Führung von W. B. Yeats und Lady Gregory, eine Gälische Liga begründet. Aus W. B. Yeats' zahlreichen Äußerungen über die von ihm besonders als Mythenschöpferin geschätzte Dichterin, die, wie niemand vor ihr, die Romantik von fernen gälischen Orten wiederentdeckt hatte und in der sich die tragische Schönheit eines toten Volkes wiederverkörpert zu haben schien:

> *Von der Gruppe neuer Stimmen ist keine bezeichnender als die merkwürdig geheimnisvolle Stimme in den Erzählungen von Fiona Macleod. Sie ist zur Stimme dieser ursprünglichen Menschen und der Elementardinge geworden, nicht allein durch die Beobachtung derselben, sondern aus einer Identität mit der Natur heraus. Ihre Kunst ist von jener großen Art, welche auf Offenbarung beruht und mit unsichtbaren und ungreifbaren Dingen zu tun hat. Ihre Aufgabe ist es, uns jene Kräfte und Prinzipien näherzubringen, die wir in sterblichen Hoffnungen und menschlichen Leidenschaften erraten.*

Nach Yeats ist die innere Bewegung der Keltischen Renaissance für sie die Öffnung gegenüber einem schier unermeßlichen Brunnen von Mythen, Sagen, Märchen, Liedern und Legenden, der reicher als jeder andere in Europa fließt, und »Fiona« schreibt selbst in ihrem Essay *Celtic* dazu:

> *Jeder neue Sagenbrunnen ist eine Berauschung für die Vorstellungskraft und Phantasie der Welt. Er taucht immer zu einer Zeit auf, wenn die Imagination der Welt dafür bereit ist, so wie dies beim Erscheinen der Artussagen und Gralslegenden der Fall war.*

Die Welt ist offensichtlich bereit, Fionas Stimme zu hören, die einen Lebensnerv ihrer Zeit zu treffen scheint. Der Publikation von *Pharais* schließt sich in rascher Folge ein rundes Dutzend von Werken an, darunter die Erzählbände *The Mountain Lovers* (1895), *Green Fire* (1896), *The Dominion of Dreams* (1899), der Gedichtband *From the Hills of Dream* (1896), die Allegorie *The Divine Adventure* (1900) und die gälischen Betrachtungen *The Winged Destiny* (1904). Da William Sharp seine Arbeit allgemein unter das Motto »das Äußerste für das Höchste« stellt (was er selbst als »die Devise für alle wahrhaften Fehlschläge« bezeichnet) und seine beiden Hälften häufig auch im Konflikt zueinander stehen, setzt er seine geistig-nervlichen Kräfte und auch seine physische Gesundheit großen Spannungen und Belastungen aus. Doch die Identität von »Fiona Macleod«, für die er sogar biographische Daten im *Who is Who* verfaßt, will er um keinen Preis lüften — selbst dann nicht, als ihm mehrere Gönner ein staatliches Ruhegeld vermitteln wollen, wofür jedoch, da die unter William Sharp erschienenen Schriften nicht ausreichen, auch die unter dem Pseudonym geschriebenen Werke herangezogen werden müßten.

Immer mehr werden William Sharp und Fiona Macleod zu zwei getrennten Personen, von denen jede ihre eigenen Interessen, Wünsche und Bedürfnisse, selbst Freundschaften hat. William Sharp lebt teilweise den voll ausgefüllten Tag zweier Menschen. Auch soll der literarische Ruf des Kritikers Sharp unter den Erfolgen seiner eigenen Mystifikation nicht leiden, und er selbst will sogar noch unter seinem alten Namen Beiträge zu den gleichen keltischen Themen veröffentlichen. Er hat zwar eine deutliche Vorliebe für die Arbeit seines kreativen inneren Traum-Selbst, aber das wache künstlerische und sozialpolitische Interesse seiner »männlichen« Seite entspringt nicht nur den Erfordernissen des Lebensunterhaltes, sondern ist ebenso unverzichtbarer Wesensanteil. Diese Anima / Animus-Problematik ist auch das Leitmotiv in vielen seiner Erzählungen, die nach eigener Aussage im Kern »autobiographische Äußerung und persönliches Bekenntnis« sind, aber entweder in Allegorie oder in die ganze Illusion einer vergangenen Welt eingekleidet werden.

In seinen letzten Lebensjahren scheint William Sharp von der doppelten Belastung seines Lebens wie von einer Flamme verzehrt worden zu sein. Alle Behandlungen, Kuren und Reisen haben für den Körper nicht mehr als eine aufschiebende Wirkung; doch er weiß oder ahnt zumindest, daß die physischen Probleme weitgehend die Auswirkung andersgearteter Kräfte sind, die sich dem menschlichen Willen entziehen — oder sich möglicherweise nur durch den »Geist« lösen lassen. Auch sorgt er sich nicht um den Tod, da er seine Stunde der Auf-lösung für vorherbestimmt hält. Als er im Frühsommer 1905 Abschied von seinem geliebten schottisch-gälischen Westen und dann auch von seiner Familie und seinen Freunden nimmt, scheint er zu ahnen, daß dies ein Abschied fürs Leben ist. William Sharp — und Fiona Macleod — sterben am 12. Dezember 1905 in Maniace auf Sizilien.

Noch zu Lebzeiten hatte William Sharp aus Fionas Werk eine dreibändige Ausgabe zusammengestellt, die unterteilt in *Barbarische Geschichten, Spirituelle Erzählungen* und *Tragische Romanzen* erschienen ist. Die vorliegende Ausgabe enthält:
— Erzählungen aus der Überlieferung und Mythologie des alten keltischen, gälischen und skandinavischen Lebens;
— als Beispiel für die Vermischung von piktischem Heidentum und frühem keltischen Christentum die Geschichte *Das Grüne Leben*;
— Erlebnisschilderungen aus neuerer Zeit, welche die ungebrochene Kontinuität von Erfahrung mit dem Geist der Vergangenheit dokumentieren;
— allegorische Geschichten von Liebe, Traum und Imagination, die ihre Quelle jedoch in den alten Mythen haben.

Wenn sich die Erzählungen also in Geschichten der *Welt, die war*, und der *Welt, die ist*, unterscheiden lassen, wenn die einen mehr von Vergangenheit und die anderen mehr von Vergänglichkeit handeln, werden sie in dieser Auswahl aus dem Grunde nebeneinander präsentiert, weil ihr schon erwähnter, wenn auch nur hintergründig autobiographischer Charakter einen inneren Zusammenhang herstellt und weil der gleiche Geist sie durchweht. Was dieser ist, beschreibt »Fiona Macleod« selbst:

> *Die meisten dieser Geschichten sind aus dem Geist der grauen wandernden Woge des fernen schottischen Westens gewoben, und sie alle sind vom Wind des gälischen Geistes berührt, der überall nach Grenzenlosigkeit sucht, doch*

in der Begrenztheit der Dinge, wie sie nun einmal sind, sich der trüben Verzauberung der Träume zuwendet. Und was sind diese anderes, ob sie nun von den kummervollen Abgründen eines einzelnen Herzens handeln oder von der Müdigkeit unzähliger Geister im Labyrinth von Zeit und Schicksal, als Träume, als hin- und herflimmernde Traumbilder, mit denen der Gäle seit mehr als tausend Jahren den Leiden und Ungerechtigkeiten eines tragischen Schicksals entgegengetreten ist: das ungreifbare Gut, das er ständig erschafft und wieder auflöst, so wie der Maiwind das Gold des Ginsters sammelt und verstreut . . .

NAOI MIANNAIN

Miann mna sithe: braon.
Miann Sluagh: gaoth.
Miann fitheach: fuil.
Miann eunarag: an fasaich.
Miann faoileag: faileagan mhara.
Miann Bàrd: fith-cheol-min lhuchd
  nan trusganan uaine.
Miann fear: gaol bhean.
Miann mna: chlann beag.
Miann anama: ais.

NEUN WÜNSCHE

Der Wunsch der Elbenfrauen: Tau.
Der Wunsch der Elbenheere: Wind.
Der Wunsch des Raben: Blut.
Der Wunsch der Schnepfe: Wildnis.
Der Wunsch der Sturmmöve: die Lichtungen
der See.
Der Wunsch des Barden: die sanfte, leise Musik
vom Stamm der Grünen Mäntel.
Der Wunsch des Mannes: die Liebe der Frau.
Der Wunsch der Frau: der kleine Clan.
Der Wunsch der Seele: Weisheit.

Emhain Abhlach, die Insel der Apfelbäume, ist ein alter Name für die Insel Arran im Firth of Clyde und wird auch mit Avalon — der keltischen Insel der Seligen — gleichgesetzt. Gaer ist der Sohn, Aevgrain die Tochter der berühmten Deirdrê und des Naois, dem ältesten Sohn des Usnach.

Die Heilige Insel, Manainn, das heißt, die Insel des Manannan, ist die Isle of Man. Der in dieser Erzählung auftretende Manannan ist der halbgöttliche Sohn des großen Manannan, dem Gott der Wasser und Sohn von Lîr, dem alten Elementargott.

Die Innse Gall, auf die hier mehrmals angespielt wird, sind die Hebriden, die Inseln der Fremden. Die Fremden oder Skandinavier sind die Galler, und sie gehören mit den Gälen zu den Völkern des Nordens.

Alba ist der alte Name für Schottland, Eireann oder Eiré derjenige für Irland. Conchobar, König über die Ultonier, ist jener König von Ulster, dem Naois die schöne Deirdrê entführte. Er wurde später durch Gaer von der Herrschaft vertrieben und auf die fernen Inseln von Orcc und Catt (die Orkneys und Caithness) verbannt; doch schon nach einem Jahr berief Gaer ihn wieder auf den Thron und kehrte selbst nach Arran (Avalon) zurück, wo er bis zu seinem Tode »in einem Traum« lebte.

HONIG DER WILDEN BIENEN

Drei Jahre, nachdem Bobarân, der Dichterdruide, mit dem Beinamen Bobarân der Weiße, von Innis Manainn nach den Inseln des Nordens aufgebrochen war, gelangte von der Heiligen Insel die Kunde zu ihm, daß er sich vor drei Dingen hüten solle: dem Gedanken im Hirn der Schwalbe, dem Pfeil in der Zunge des Fisches und dem Honig der Wilden Bienen.

Diese Worte erreichten Bobarân auf der Insel Emhain Abhlach, der Insel der Apfelbäume, wo er mit seinen beiden Mündeln, den Kindern von Naois und Deirdrê, lebte: dem Gaer, einem schon hochgewachsenen Jüngling von anmutiger Schönheit und edel wie ein Königssohn, und Aevgrain, der Sonnengleichen. Ihr Anblick war so lieblich, daß sie würdig war, die Tochter jener Deirdrê zu sein, deren Schönheit die alte Welt in Flammen gesetzt hatte.

Bobarân der Weiße war beunruhigt über diese Botschaft von Manannan mhic Manainn, dem Herrscher über die Heilige Insel und die Inseln der Galler; denn dieser Hochkönig spielte nicht mit Worten. Manannan wußte, daß der Dichterdruide das alte Wissen von den Zeichen besaß, und aus Furcht davor, daß andere seine Botschaft deuten könnten, hatte er seine Warnung an ihn in dieser Verkleidung übermittelt. Manannan Mac Athgno war alt und hatte Kenntnis von unerfüllten Wünschen und unverwirklichten Dingen; zweifellos hatte er daher irgendeine Gefahr oder ein anderes Unheil für Gaer oder Aevgrain oder auch beide vorausgesehen.

Doch die Botschaft ergab für Bobarân keinen Sinn. Nach langem Nachdenken ergriff er seine *Clàrsach* und ging hinauf durch den alten Wald und hinaus auf die wüste Öde des hohen Berges, der sich auf Emhain Abhlach über allen anderen erhebt.

Leise spielte er während des Gehens auf seiner *Clàrsach*, damit ihn kein wildes Tier belästige. Die braunen Wölfe heulten, und ihre Fangzähne schimmerten weiß; doch sie alle sprangen beiseite und glitten knurrend aus seinem Blickfeld. Die grauen Wölfe standen schweigend da und starrten ihn mit wilden, geröteten Augen an, doch sie folgten ihm nicht. Als Bobarân an den letzten Baum des Waldes gelangte, erblickte er einen alten, weißen Wolf. Er blieb stehen.

»Warum folgst du mir, Wolf?« fragte er. Der Wolf blinzelte ihn an und hielt seine Nase träge in den Bergwind.

»Warum folgst du mir, Wolf?« fragte Bobarân ein zweites Mal. Der Wolf hob den Kopf und heulte.

Aus der Höhlung am oberen Ende seiner *Clàrsach* nahm Bobarân neun verschrumpelte Vogelbeeren heraus. Drei davon warf er nach dem weißen Wolf und rief: »Ich lege Sprache auf dein altes Wissen.« Drei warf er in die Luft über seinem Kopf und rief: »Zerreiße den Nebel, o Wind.« Und drei steckte er sich schließlich in den Mund und murmelte: »Bei Dem vom Haselstrauch und beim Lachs der Erkenntnis, laßt Sehen auf mir sein.«

Damit fragte er ein drittes Mal: »Warum folgst du mir, Wolf?«

Der Wolf antwortete ihm in der Sprache der Menschen:

»Der Frühling ist gekommen; der rote Fisch ist wieder im Fluß, die rote Quaste ist an der Lärche, und der geheime Gedanke ist im Hirn der Schwalbe.«

»Es gibt noch keine Schwalbe auf Emhain Abhlach, alter Wolf, der du Wissen hast.«

»Es ist gerade jetzt eine Schwalbe da, die drei Flüge über deinem Kopf macht und dir dann zu Füßen fallen wird.«

Bobarân sah einen Schatten dreimal vor seinen Augen kreisen, und bevor er sich rühren konnte, fiel eine Schwalbe tot zu seinen Füßen.

Während sie noch warm von Leben war, blickte er in das Vogelhirn. Durch die drei Beeren, die er verschluckt hatte, sah er mit Bestürzung, wie sich ein wilder Eber, der gestellt war, umwandte und zur Wehr setzte; er sah, wie Gaer, der schöne Jüngling, gestürzt war und in seinem Fall seinen Speer zerbrochen hatte; wie der Eber mit wilden, geröteten Augen blinzelte und Schaum zwischen seinen großen Hauern hervortrat, und wie er sich anschickte, auf Gaer loszustürzen und ihn zu töten, der doch noch Herrscher über die Gälen von Eireann werden sollte.

Da schlug Bobarân drei schrille Klänge auf seiner *Clàrsach* an und eilte westwärts durch den Wald. Und dort, wo er am Boden lag, blickte Gaer auf und sah eine tanzende Flamme vor sich; vor dem Eber ergoß sich plötzlich ein reißender Sturzbach, und mittendrin war ein wirbelndes Schwert, das ein unaufhörlich verwirrendes Blendwerk hervorrief. Und die tanzende Flamme und der reißende Sturzbach und das wirbelnde Schwert waren die drei schrillen Klänge von der *Clàrsach* Bobarâns des Weißen.

Als der Druide auf die Lichtung lief, wo Gaer lag, nahm er seine *Clàrsach* und spielte einen Zauberbann auf den Eber, so daß der Sohn des Naois aufstand, seinen zerbrochenen Speer hochhob und die beiden Teile fest zusammenfügte und dann den Speer mit einem lauten Ruf durch die Kehle des Ebers stieß.

In jener Nacht hatten Bobarân und Gaer und Aevgrain große Freude an den Feuern. Gaer spielte auf seiner *Clàrsach* und sang das Lied vom Tod des Ebers; und Bobarân sang die lange Geschichte von Naois, dem ersten der drei Helden von Alba, und von seiner großen Liebe zu Deirdrê; und als die Sterne aufgingen und niemand ihr Gesicht im Schatten sehen konnte, sang Aevgrain die Liebeslieder der Deirdrê und das Liebeslied ihres eigenen Herzens.

Die beiden Männer wurden unruhig durch den Gesang Aevgrains: Bobarân der Weiße durch seine Erinnerung und Gaer seiner Sehnsucht wegen. Als sie nicht mehr sang, seufzten beide. »Ich höre die Stimme der See«, sagte Gaer. »Ich höre das Lied eines blinden Vogels«, sagte Bobarân. »Ich höre Schweigen«, flüsterte Aevgrain zu sich selbst, während ihr das Blut ins Gesicht stieg, aus Furcht, daß selbst in jenem Schweigen der geheime Gedanke ihres Herzens davonfliege, wie das stille Käuzchen in der Dämmerung.

Bobarân aber war sehr zufrieden in dieser Nacht, als der Jüngling und das Mädchen schliefen; denn er hatte den Gedanken im Hirn der Schwalbe erkannt, vor dem ihn Manannan gewarnt hatte. Nun konnte sich wahrscheinlich die Prophezeiung erfüllen, daß Gaer aus dem Geschlecht Usna und aus dem Schoß der Deirdrê der *Ardrigh* über die Gälen sowohl von Eireann als auch von Alba werden sollte. Damit schlief er ein.

Am siebenten Tag nach dem Tode des Ebers wanderte Bobarân der Weiße unter dem fallenden Schnee der Apfelblüte auf den Küstenlichtungen hinter der großen kegelförmigen Insel, die damals den Namen Inshroin, die Insel der Robben, trug. Müßig blickte er seewärts, als er plötzlich wie angewurzelt stehenblieb. In der Bucht lag eine lange Galeere, geformt wie ein großer Fisch, und ihr Bug war geteilt, wie das Maul eines aufgespießten Lachses. Es war eine *Birlinn* von den Innse Gall, und die Ankunft der Seeräuber mochte wohl Unheil bedeuten.

Er hörte eine seltsame Musik, doch sein Ohr konnte nicht sagen, woher sie kam, denn sie war wie ein süßer, verwirrender Schwarm von zarten Tönen; und sie war in den Grasspitzen und dem wehenden Gestöber des Distelflaums, in den Glocken des Fingerhuts und der murmelnden Menge von kleinen Blättern.

Da wußte er, daß es ein magisches Lied war. Er nahm seine *Clàrsach* und spielte einen alten Runenzauber der See, den Manannan von Manainn ihn gelehrt hatte: Manannan, Sohn des Athgno, einer der

Söhne des Manannan vom Meeresschaum, Sohn des großen Gottes Lîr.

Als er gespielt hatte, nahm er neun verschrumpelte Vogelbeeren aus dem oberen Ende seiner *Clàrsach*. Drei davon warf er in Richtung der Wogen und rief:

»O Element, das älter ist als die urzeitliche
Erde!
O Element, das schon alt war, als das
Menschenalter noch jung war!
O Zweites der Heiligen Drei, in dem der
Same des Alldai,
In dem der Same des Unbenennbaren zum
Laich der Welt wurde,
Aus dem die alten Götter und die schönen
Dedannans und die Menschensöhne
hervorgingen —
O Element der Elemente, zeige mir den
Fisch des Manainn,
Zeige mir den Fisch des Manannan mit dem
Pfeil in der Zunge!«

Als Bobarân diesen Zauberspruch gerufen hatte, nahm er drei weitere Vogelbeeren und warf sie auf den Boden; und sie wurden zu flinken, roten Hundezungen, die gegen ein schattenhaftes Wild anbellten. Als er dann die drei noch übrigen Vogelbeeren verschluckt hatte, sah er, wie Gaer bei einem Felsen am Ufer stand und bald auf die Galeere blickte — woher, wie ein Bienenschwarm, das süße, verwirrende Raunen drang — und bald zurück zur Waldung, wo er das freudige Bellen von Hunden hörte, die ein Wildlager aufgespürt hatten.

Doch während sich Bobarân noch verwunderte, sah er eine schöne nackte Frau im Kiel der *Birlinn* stehen und die Saiten einer kleinen Muschelharfe anschlagen und dazu singen. Und als er nach Gaer blickte, da war der Sohn des Naois in der See, schwamm rasch von Welle zu Welle und rief den Namen von jener, die ihn geboren hatte — Deirdrê, die Flamme der Liebe.

Doch der Druide sah, daß die schöne Frau eine Königin des Bösen war; und daß in der Höhlung des Fischmauls ein Mann aus Lochlin kauerte, mit einem gespannten Bogen in seinen Händen, und in diesem wartete ein großer Pfeil.

Da rief er nochmals:

»O Element, im Namen Manannans, Sohn des Lîr!«

und erhob seine *Clàrsach* und schlug drei schrille Klänge auf ihren Saiten an.

Da geschah es, daß sich dort, wo Gaer der süßen Freude seiner Augen entgegenschwamm, drei große Wogen erhoben. Die erste Woge trug ihn hinab in die Tiefe, so daß der Pfeil, der gegen seine Brust flog, wie ein Schatten durch das Wasser schoß. Die zweite Woge wirbelte ihn hierhin und dorthin, so daß der Pfeil, der gegen seinen Rücken flog, wie eine kraftlose Makrele durch die Gischt schoß. Die dritte Woge warf ihn inmitten von Sandwolken ans Ufer.

Bobarân eilte zu der Stelle, wo er niederfiel, stellte sich vor ihn und ließ durch sein Spiel einen Wind gegen die Pfeile aufziehen, die nun wie Regen von der *Birlinn* kamen. Dann legte er einen Zauber auf das Meer, so daß die drei Flutwogen zu einer wurden, die in einem hochschäumenden, furchtbaren, überwältigenden Tosen seewärts rollte, die *Birlinn* hochrieß und auf die Felsen von Inshroin schleuderte, so daß alle darin in die See gespült wurden und ertranken.

Da war Bobarân froh, denn er erinnerte sich daran, was er auf Innis Manainn gehörte hatte: daß eine schöne Königin von den Innse Gall versuchen würde, Gaer, den Sohn der Deirdrê, wegen der Taten des Naois und der Söhne des Usnach an ihren Blutsverwandten auf den fernen Inseln in den Tod zu locken.

In jener Nacht erzählte er vor den Feuern von den Heldenkriegen des Naois und der Söhne des Usnach und auch davon, wie die Königin der Innse Gall in ihrer Schönheit zu Naois kam und wie dieser Deirdrê anschaute und die flachshaarige Frau mit der Goldkrone fortschickte. Und weil er ein Dichter war, sang er dann von ihrer Schönheit, von der unendlichen Süße der Sehnsucht, dem langen Schmerz und dem fortwährend ungestillten Verlangen, das Liebe heißt.

Als er aufhörte, sah er, daß weder Gaer noch Aevgrain dem Gesang seiner Stimme lauschten. Doch in den Augen von Gaer erblickte er die unendlich bittere Süße der Sehnsucht und in den Augen von Aevgrain den Schmerz und das Verlangen von ungeweckter Liebe.

Am Morgen ging Bobarân mit schweren Gedanken umher. Vielleicht war der Tag nahe, wo ein neues Unheil die Kinder von Naois und Deirdrê treffen sollte. Auch fürchtete er, daß er ein Feuer im Geist von Gaer und im Herzen von Aevgrain entzündet hatte.

Als er noch darüber nachsann, was ihn so verwirrte, sah er drei Gestalten näherkommen. Eine war Aevgrain, sonnengleich in ihrer lieblichen Schönheit, doch mit seltsam ernsten Augen; eine war Gaer, der wie Naois daherkam, als er von Deirdrê in den Wäldern des Conchobar gesehen wurde und in höchster Freude lachte; und eine war der schönste und anmutigste Jüngling, den Bobarân der Weiße jemals gesehen hatte. Er war in Grün gekleidet, mit einem Haarband aus Gold und Gürtelspangen aus schimmernden Edelsteinen. Sein Haar war lang und flachsfarben, doch er gehörte nicht zu den Männern von Lochlin.

Er verneigte sich höflich, als er näherkam. Bobarân sah, daß er drei Mistelbeeren auf den Boden warf, und er fragte ihn danach.

»Es ist mein *Geas*, mein Gelübde«, sagte der Fremde. »Es ist eines meiner *Geasan*, daß ich drei Mistelbeeren auf die Erde werfe, bevor ich zu einem verehrungswürdigen Druiden spreche.«

Bobarân nahm diese Erklärung an, denn sie entsprach dem Brauch seiner Zeit; und weil er selbst unter dem *Geas* stand, einem Fremden nicht mehr als zwei Fragen zu stellen, sprach er sogleich aus Furcht, damit er nicht unüberlegt nichtige Dinge fragte.

»Kommst du von Emhain Abhlach, schöner Herr?« fragte er.

»Ja, ich bin von der Insel der Apfelbäume«, antwortete der Fremde mit ernsten Augen.

»Und sind dein Name und der Name deines Vaters mir bekannt?«

»Ich bin Rinn, der Sohn des Eochaidh Iuil.«

»Ohne Zweifel ist Eochaidh Iuil ein König in . . . in . . .«

»Was ist mit deinem *Geas*, o Bobarân Bàn?«

Da fügte sich der Druide beschämt, denn er hatte sein Gelübde gebrochen. Auch war er verwundert, daß Rinn sein *Geas* kannte.

»Ich bin hierhergekommen«, sagte Rinn langsam, »weil ich dem Schatten meines Traumes folge.« Und der Druide dachte, daß er keine so liebliche Stimme mehr vernommen habe, seitdem er Deirdrê leise singen hörte, während sie mit Naois Schach spielte.

»Das war, als Gaer in ihrem Schoß schlief«, sagte Rinn.

Als Bobarân merkte, daß der Fremde in seinen Gedanken lesen konnte, fürchtete er den magischen Zauber von Bannsprüchen. Doch als er mit der Hand an seine Seite griff, mußte er feststellen, daß seine *Clàrsach* verschwunden war; und als er um sich schaute, sah er, daß Rinn sie vom Boden aufgehoben hatte; und als er sprechen wollte, begriff er, daß der Fremde mit der dritten Beere des Mistelzweigs Schweigen auf seine Lippen gelegt hatte.

Da wandte er sich mit schwerem Herzen um und folgte den dreien in den freundlichen *Lios*, der in jener Jahreszeit ihr Heim war.

In der Abenddämmerung, vor den Feuern, erzählte und sang Rinn herrliche Geschichten voller Wunder. Als er eine von ihnen berichtet hatte, da wußte Gaer, daß er es war, von dem er sprach: wie er am Morgen über das Meer nach Eireann segeln und mit Conchobar kämpfen würde, welcher Deirdrê und Naois und den Söhnen des Usnach um der Herrschaft über die Ultonier willen den Tod gebracht hatte; und wie er Conchobar auf die fernen, von der Brandung gepeitschten Inseln von Orcc verbannen würde; und wie er nach einem Jahr der Herrschaft, durch die Sehnsucht nach Liebe und dem Traum aller Träume, nach Emhain Abhlach zurückkehren und Conchobar wieder als *Ardrigh* berufen würde; und wie er dort bis zu seinem Tode leben und Liebe, so groß wie die Liebe des Naois, und Schönheit, so groß wie die Schönheit der Deirdrê, erfahren würde.

Und in diesem Traum legte sich Schlaf auf ihn, und als Gaer eingeschlafen war, nahm Rinn wiederum die *Clàrsach* und spielte. Er sang das Lied der Liebe. Bobarân erblickte eine Waldlichtung, die in Mondschein getaucht war, und in diesem Licht stand eine Frau, hell und schön, und sie hatte das Gesicht von Alveen, die er geliebt hatte. Sein Herz erhob sich wie eine Woge, und sein Leben hing daran, und eine Flut aus Sehnsucht und Verlangen brach sich zu Füßen der Alveen, die er vor langer Zeit geliebt hatte.

Und in diesem Traum legte sich Schlaf auf ihn, und er wußte von nichts mehr.

Als Bobarân eingeschlafen war, blickte Rinn Aevgrain an, deren Augen ihm wie zwei Sterne entgegenleuchteten.

»Spiel mir keine süßen Lieder, Rinn«, murmelte sie, »denn ich liebe dich bereits, o Sehnsucht des Herzens, meine Freude!«

Rinn lächelte, doch er berührte die Saiten seiner Harfe.

»O Sehnsucht des Herzens, meine Freude!« flüsterte er.

»O Sehnsucht des Herzens!« murmelte sie, als sich Schlaf auf sie legte. Dann bewegten sich ihre weißen Hände wie Schwäne durch die schattige Flut ihres Haares, und sie schüttelte den Schlaf von sich ab, lehnte sich vor und blickte Rinn in die Augen.

»Sag mir, wer du bist und woher du kommst«, flüsterte sie.

»Wirst du mich lieben, wenn ich das sage?«

»Du bist die Sehnsucht meines Herzens.«

»Wirst du mir folgen, wenn ich es sage?«

Aevgrain erhob sich. Der Feuerschein wob eine Flammenrose in ihrem Gesicht.

Rinn lachte leise, legte seine Arme um sie und führte sie tiefer in den Schatten des *Lios* hinein.

Im Morgengrauen stand Manannan am Ufer, und als er die Sonnenbahn entlangschaute, sah er Gaer gen Westen segeln.

Dann betrat er den *Lios*. Niemand war dort — nichts außer zwei bleichblauen Schatten, die in der Sonne lagen.

Da weckte er Bobarân auf.

»Sag dich von jenem Jugendtraum los«, sprach er, »und antworte mir. Wo ist Gaer? Wo ist Aevgrain?«

Bobarân senkte den Kopf.

»Was ist mit dem wilden Eber, der die Gefahr für Gaer und der Gedanke im Hirn der Schwalbe war?«

»Er ist erschlagen, o Manannan von Manainn.«

»Was ist mit der weißen Frau und dem Todesschaft, welcher der Pfeil in der Zunge des Fisches war?«

»Sie ruhen im Schweigen der See.«

»Was ist mit der verzaubernden Stimme von Rinn, dem Sohn des Eochaidh Iuil, dem Herrn des Schattens, aus dem Land der Herzenssehnsucht? Was ist mit seinem berückenden Lied, das man Honig der Wilden Bienen nennt?«

Bobarân der Druide senkte den Kopf.

»Er hat seinen Zauberbann auf mich und Gaer gelegt. Ich weiß nichts mehr.«

»Gaer wirst du noch einmal sehen, denn er wird nach Emhain Abhlach zurückkehren; aber er wird dich nicht erkennen, denn du wirst ein grauer Wolf sein und in der wüsten Öde heulen. Doch Aevgrain werden wir niemals wiedersehen. Leb wohl, o Tochter der Deirdrê, Sehnsucht meiner Sehnsucht!«

Und damit wandte sich Manannan um und war in einem Seedunst verborgen und wieder auf Manainn, der Heiligen Insel.

Doch Bobarân hatte nicht mehr auf seinen Weggang gewartet. Sein Fell sträubte sich, als er am *Lios* vorbeisprang, und sein langgezogenes Heulen stieg und fiel, bis es sich im Schweigen der Wälder verlor.

Am dritten Tag, als die Sonne unterging, bewegten sich die beiden Schatten im *Lios*. Der süße Staub der Welt lag wieder auf ihnen.

»Sag mir, wer du bist und woher du kommst«, murmelte Aevgrain, und ihre Augen waren schattig vor Liebe.

»Wirst du mich lieben, wenn ich das sage?«

»Du bist die Sehnsucht meines Herzens.«

»Wirst du mir folgen?«

Aevgrain versuchte aufzustehen. Die Sonnenflut ließ eine Flammenrose auf ihrem bleichen Gesicht erglühen.

»Ich liebe dich, Aevgrain, weil du schön bist und weil ich in dir den Schatten der Schönheit sehe. Ich will, daß du hier wartest.«

»Ich habe keine andere Liebe als dich.«

Rinn seufzte.

»So sei es«, sprach er. »Ich werde deine Liebe mit mir nehmen. Allzulange habe ich diesen Traum schon geträumt. Horche auf jenes tiefe Seufzen!«

»Ich höre es.«

»Es ist das Seufzen der Welt. Es gilt mir.«

»Dir . . .?«

»Ich werde Rinn genannt, Honig der Wilden Bienen. Ich bin der Herr des Schattens. Doch hier, Aevgrain, heiße ich Tod.«

DIE GABE DER ELBEN

Unter den sieben Brüdern Achanna — den Söhnen des Robert Achanna aus Galloway, der aufgrund einer erbitterten Fehde mit seiner Sippe ins selbstgewählte Exil in den fernen Norden gegangen war —, die in Eilanmore auf den Sommerinseln lebten, war nicht einer, der nicht in stärkerem oder geringerem Maße oder zumindest zeitweise *fëy* war. Der älteste und der jüngste Sohn waren die seltsamsten Menschen, denen ich jemals irgendwo in den keltischen Landen, von den Meerestriften des Solway bis zu den tangbestreuten Küsten von Lewis, begegnet bin.

Alasdair Achanna, der älteste, war mir ein Freund, den ich liebte, auch wenn er ein Mann von fast vierzig Jahren und ich weniger als halb so alt war. Wir hatten viele Gemeinsamkeiten, und obwohl er der »schweigsame Ally« genannt wurde, habe ich niemals einen umgänglicheren Menschen gekannt. Er war groß und hager. Seine Augen waren von jenem nebligen Blau, das der Rauch annimmt, wenn er in den Wäldern aufsteigt. Sie waren für mich wie die Bergseen, die inmitten der von Schilfrohr und Myrtenheide umgebenen Moore von Uist lagen, an denen ich oft als Kind träumte.

Bisweilen hatte ich das Leuchten auf seinem Gesicht bemerkt, wenn er lächelte — ein Leuchten, das aus einer heiter-ruhigen Freude hervorstrahlte. Aus irgendeinem Grund hatte ich mich jedoch niemals darüber gewundert, selbst dann nicht, als ich den halb geringschätzigen, halb bewundernden Spott hörte und verstand, mit dem nicht nur seine Brüder, sondern selbst sein Vater ihn zeitweise behandelten. Ich erinnere mich, daß ich einmal, an einem trüben Tag in einem sturmdurchtosten August, erstaunt war, als ich seinen Bruder Gloom mißgelaunt und höhnisch sagen hörte: »Da geht der Gesalbte!« Als ich hinschaute, konnte ich nichts anders sehen, als daß Alasdair trotz der trostlosen Kälte, trotz der im Boden faulenden Kartoffeln langsam und lächelnd dahinging und mit frohen Augen das graue Land um sich herum und in der Ferne betrachtete.

Erst ein ganzes Jahr später — ich erinnere mich genau daran, denn es war mein letzter Besuch auf Eilanmore — vertiefte sich mein Verstehen. Ich ging mit Alasdair nach Westen, der untergehenden Sonne entgegen. Ein Leuchten lag auf seinem Gesicht, so als würde es von innen kommen; und als ich, halb erschreckt, nochmals hinblickte, sah ich, daß aus dem Westen gar kein Lichtglanz kam, denn der Abend war trüb und drohte mit Regen.

Während ich mit Alasdair daherging, war ich mir einer fast unerträglichen Niedergeschlagenheit bewußt geworden. Das Haus, das wir verlassen hatten, war so traurig, die kahlen, durchweichten Wiesen waren trostlos; beklemmend war der steinige Ort, den wir überquerten, lautlos bis auf den schwachen Schrei der Brachvögel; und vor allem war der Laut des Meeres so klagend, wie es unsichtbar schluchzend die Insel umspülte — alles dies war so unsagbar quälend für mich, daß ich plötzlich stehenblieb und umkehren wollte.

Doch als ich dann aufblickte in das Gesicht meines Gefährten, sah ich darin tatsächlich ein Licht, das von innen kam. Seine Augen ruhten auf einem abstoßenden Streifen Land, wo die welken Kartoffeln inmitten einer wilden Ödnis von runden, schädelweißen Steinen verfaulten. Ich erinnere mich noch an diese seltsamen Augen von blauer Ferne: wie Lampen von stiller Freude, Lampen des Friedens erschienen sie mir.

»Schaust du auf Achnacarn?« fragte ich (so hieß jener Landstrich), sicher war es nur ein Flüstern.

»Ja«, entgegnete Alasdair langsam, »ich schaue. Es ist schön — wunderschön. O Gott, wie schön ist diese herrliche Welt!«

Ich weiß nicht, was mich dazu trieb — doch bei seinen Worten warf ich mich auf einen nahen, mit Heide bewachsenen Rain und brach in krampfhaftes Schluchzen aus.

Alasdair beugte sich nieder, hob mich hoch und beruhigte mich mit sanften Berührungen und beschwichtigenden Worten.

»Sag mir, was ist, mein Reh? Welchen Kummer hast du?« fragte er immer wieder.

»*Du* bist es — *du* bist es, Alasdair«, konnte ich schließlich in zusammenhängenden Worten hervorbringen. »Es erschreckt mich, wenn ich dich so sprechen höre, wie du es gerade getan hast. Du mußt *fëy* sein. Warum — warum nur nennst du dieses verabscheuenswerte, gräßliche Feld schön — noch dazu an diesem düsteren Tag — und nach allem, was geschehen ist, Alasdair?«

Da, so erinnere ich mich, nahm er seinen Umhang, legte ihn auf das regennasse Heidekraut, führte mich dann dorthin, setzte sich und zog mich neben sich.

»Ist es nicht schön, mein Reh?« fragte er mit Tränen in den Augen. Ohne meine Antwort abzuwarten, sagte er dann ruhig: »Hör zu, mein Lieb, ich will es dir erzählen.«

Eine Minute lang oder mehr war er von einer sonderbaren Stille; wie atemlos erschien er mir. Dann sprach er:

»Ich war kaum älter als ein Kind, am Anfang meiner Jugend, als etwas geschah, was von den Regenbogenwölbungen von *Cathair-Sith*, der Elbenstadt, herabkam.« Hier machte er eine Pause, vielleicht um zu sehen, ob ich ihm folgen konnte; dies machte mir keine Mühe, da ich mit der ganzen Märchenwelt vertraut war. »Ich war draußen auf der Heide, und es war um die Zeit, wenn der Honig in den Blumenglocken und den Blütenkelchen sickert. Ich hatte schon immer diese Insel und das Meer geliebt. Vielleicht war ich töricht, aber an jenem goldenen Tag war ich so glücklich in meiner Freude, daß ich mich auf die Erde warf und die warme, süße Heide küßte und meine Hände und Arme in ihr vergrub, während ich aus einer unbestimmten, seltsamen Sehnsucht heraus schluchzte.

Schließlich lag ich still, kraftlos, mit geschlossenen Augen da. Plötzlich gewahrte ich, daß zwei winzige Hände durch die Spitzen des Heidekrauts hervorgekommen waren und etwas Weiches und Wohlriechendes auf meine Augenlider drückten. Als ich die Augen öffnete, konnte ich nichts Ungewöhnliches wahrnehmen. Niemand war zu sehen, doch ich hörte ein Flüstern: 'Steh auf und verlasse sogleich diesen Ort; und wage dich heute nacht nicht hinaus, damit dir kein Unheil widerfährt.' Da stand ich zitternd auf und ging nach Hause. Seit diesem Tag war ich derselbe und doch nicht derselbe. Was mein Vater und meine Brüder oder die Menschen auf der Insel als häßlich oder trostlos betrachteten, konnte ich niemals so sehen wie sie. Manches Mal war mein Vater zornig auf mich und nannte mich einen Narren. Immer wenn mein Blick auf jene wüsten und verödeten Stellen fiel, schienen sie mir überaus schön zu sein und ein Licht auszustrahlen. Schließlich wurde mein Vater derart erbittert, daß er mich höhnisch dazu aufforderte, in die Städte zu gehen und dort den Schmutz und die abstoßende Häßlichkeit zu sehen, worin die Menschen lebten. Doch es stand so mit mir, daß ich in den Elendsvierteln, zwischen dem Rauch der Fabriken und dem Ruß der Armut alles, was andere Menschen sahen, nur als sich auflösende Schatten wahrnehmen konnte. Was ich sah, war schön und von einem seltsamen Glanz, die Gesichter der Männer und Frauen waren zart und rein, ihre Seelen makellos. So kehrte ich, müde und verwirrt von meiner unfreiwilligen Suche, wieder nach Eilanmore zurück. Am Tage meiner Heimkehr war Morag dort — Morag von den Wasserfällen. Sie wandte sich zu meinem Vater und nannte ihn blind und töricht. ‘Er hat das weiße Leuchten auf seiner Stirn’, sagte sie von mir. ‘Ich kann es sehen, wie das Flackerlicht in einer Woge, wenn der Wind in einem Gewitter von Süden kommt. Er ist mit der Elbensalbe berührt worden. Das Gute Volk kennt ihn. So wird es bis zu seinem Todestage mit ihm sein — wenn ein *Duinshee* überhaupt sterben kann, denn ein solcher Elbenmann ist einer, der bereits tot, doch von neuem geboren ist. Der, auf den die Elbensalbe gelegt worden ist, darf alles, was häßlich und abstoßend, trostlos und bitter ist, durch einen Zauberglanz von Schönheit wahrnehmen. So ist es gewesen, seitdem Mhic-Alpine von See zu See geherrscht hat, und so steht es auch mit deinem Sohn Alasdair.’

Das ist alles, mein Reh, und darum nennen mich meine Brüder manchmal, wenn sie sich ärgern, den Gesalbten.«

Das ist alles. Ja, vielleicht ist es das . . . Doch wie oft, Alasdair Achanna, habe ich an jenen äußerst kostbaren Schatz gedacht, den du im Heidekraut gefunden hast, als die Blütenglocken schwer waren von dickem Honigsaft. Haben die wilden Bienen davon gewußt? O könnte ich doch das sanfte Summen ihrer Florflügel hören!

Wer von uns würde nicht das Beste aus seinem Besitz eintauschen (und es gibt manche, die würden alles dafür geben), um nur einmal ihre Augenlider mit der Elbensalbe berühren zu lassen? Doch der Ort ist fern und die Stunde verborgen. Niemand darf nach dem suchen, wofür es keine Suche geben kann.

Nur die wilden Bienen wissen davon, doch ich glaube, es müssen die Bienen von *Magh-Mell*, dem Elbenreich, sein. Und den Weg dorthin kann kein Lebender finden — noch nicht . . .

TRÄUME VON AVALON

Für die ursprüngliche Fassung mancher Episoden in diesen alten Träumen, die nachgeträumt und neugestaltet sind, wird auf das Mabinogi von Pwyll, das Mabinogi von Branwen und das Mabinogi von Manwyddan verwiesen. Keevan — Ciabhan. Emhain Abhlach, der alte gälische Name für Arran, ist auch die schottische Entsprechung für die Insel Avalon; beide haben die Bedeutung »Insel der Apfelbäume«. Keevan ist demnach ein Prinz aus Faery, dem Elbenland.

Die im zweiten Teil erwähnte Insel von Manànn mac Lir ist die Isle of Man. Alba ist der alte Name für Schottland, in dessen Süden die Küste des Solway Firth liegt. Dalua, der Finstere Narr, ist eine rätselhafte Wahnsinnsgestalt aus der Anderen Welt (siehe dazu die gleichnamige Erzählung).

I DIE STUNDE DES CAIRILL

Cairill, der König der südlichen Lande von Albyn, die von den unruhigen Wassern des Moyle durchflossen werden, war mit nur einem Hund auf der Jagd an einem einsamen Ort, als er gewahrte, daß die beiden Leben sich berühren und zu einem Leben werden können.

Er beugte sich gerade über eine Rehfährte im Farn, als sein Hund plötzlich zur Seite sprang und rasch den Weg zurückfloh, auf dem sie gekommen waren. Cairill blickte erstaunt, dann bog er einen Mistelzweig zurück, der von der Eiche herabhing, an welche er gelehnt war. Er hörte ein Krachen unter seinen Füßen und sah, wie ein langer, schmaler Schaft aus Eschenholz entzweibrach; und seine Füße traten auf die weißen Hände eines Mannes, der dort schlafend lag. Er war jung und in Grün gekleidet, geschmückt mit einer goldenen Halskette, Brustbeschlägen und Armbändern aus blassem Edelstein. Als er aufstand, war er hochgewachsen, biegsam wie ein junger Baum, sein Gesicht jung und glatt wie von einem Mädchen, sein Haar flachsweiß wie Wollgras im Sonnenlicht.

Cairill sah ihn an.

»Obwohl mir dein Anblick willkommen ist«, sagte er, »so ist mir dein Gesicht doch unbekannt.«

»Ich kenne deines, Cairill mac Cairill. Und weil du mir diese Mißachtung zugefügt hast, werde ich deiner Königswürde Schaden bringen.«

»Welcher Schaden wird das sein, und wer bist du, daß du einem Cairill Schnellspeer schaden könntest?«

»Ich bin Keevan von Emhain Abhlach. Ich könnte dir jegliches Unheil zufügen; doch ich habe das *Geas*, auf niemand Unheil zu legen, der für mich nicht solches beabsichtigt hat.«

»Mein *Geas* ist es, kein höfliches, einem König würdiges Angebot anstelle von Tod oder Schande abzulehnen.«

»Das ist gut. Du hast mir ein Unrecht zugefügt, als du auf mich getreten bist. Ich gehöre nicht zu deinem menschlichen Clan. Für die Dauer von einem Jahr und einem Tag werde ich durch diesen Tritt eine Quetschung behalten. Doch es soll folgendermaßen sein: Ein Jahr und einen Tag lang werde ich deine Gestalt annehmen, und du sollst meine annehmen; ich werde nach Caer Charill gehen, und du sollst nach Emhain Abhlach gehen. Niemand wird davon wissen: weder deine Königin noch einer von meinen Edelleuten, weder deine Hunde noch meine, weder dein noch mein Schwert, kein Speer, kein Trinkbecher, keine *Clàrsach* und kein Tympanon.«

»Was habe ich dabei zu fürchten?«

»Ich habe einen Feind — Fergal. Hüte dich vor Fergal bei zunehmendem Mond. Und was habe ich zu fürchten?«

»Die Liebe der Dorcha, die meine Buhle ist.«

Keevan lachte.

»Das ist überall so«, meinte er, »bei den Drachen auf den Sternen und den Würmern in der Erde.«

»Wie kann ich gewiß sein, daß dies nur für ein Jahr und einen Tag gilt, Keevan Honigmund?«

»Ich schwöre es bei den sieben allgültigen Dingen der Welt: bei der Sonne und dem Mond, bei Flamme und Wind und Wasser, beim Tau und bei Tag und Nacht.«

Damit tauschten sie ihre Gestalt. Keevan kehrte nach Caer Charill zurück, und niemand konnte ihn von Cairill unterscheiden — nicht einmal Dorcha, wenn er bei ihr lag und sie ihn finster betrachtete, während er schlief; und auch in Emhain Abhlach wußte niemand, daß Cairill ein anderer als Keevan war — nicht einmal Keevans Weib, Malveen Honighaar.

So blieb es für ein Jahr und einen Tag.

Vor dem dritten Viertel in jenem Jahr setzte Dorcha eine Schlange in ein Kissen aus Moos und legte sich zu Keevan, um ihn sterben zu sehen. Doch die giftige Schlange wußte, wer ihr verwandt war; sie wisperte in Keevans Ohr, und daraus wurde für ihn ein Traum. Er stand auf und nahm eine Schilfrohrflöte von der Wand; mit seinem Spiel legte er Schweigen und Stille auf Dorcha, und die Schlange ritzte mit milchigen Zähnen ihre weiße Brust, so daß Dorcha an jenem kleinen roten Fleck starb.

Vor dem dritten Viertel in jenem Jahr, als Cairill nach einer langen Jagd bei Malveen Honighaar lag, erhob sich Keevans Weib und gab Fergal ein Zeichen. Gerade stieg der Mond auf. Fergal stand im Schatten einer alten Eiche, und sein Bogen war gespannt, so daß er im Wind summte wie eine Mücke, und auf diesem Bogen war ein Pfeil mit dem Gift des Mondsamens, den selbst die Tuatha Dé fürchten bei zunehmendem Mond.

Doch auch dies hatte die Schlange in Keevans Ohr geflüstert, und daher gab er Cairill einen Traum ein, und der verwirrte König erkannte jenen Traum als eine Weissagung der Zukunft. So stand Cairill auf und warf seinen grünen Mantel um Malveen und hieß sie nachsehen, ob der goldene Mond seinen dritten Wechsel erreicht hatte. Als sie schaute, traf Fergals Pfeil ihre Brust, der Mondsamen drang ihr ins Herz, und sie starb.

Mit leisem Lachen trat Fergal heran. »Es wird Klage sein im Elbenland«, sagte er, »doch du wirst nun meine Königin sein, Malveen Honighaar.«

»Ja«, sagte Cairill, der den Pfeil aus Malveens Brust gezogen hatte, »es wird Klage sein im Elbenland.«

Und damit warf er den Pfeil nach Fergal, und dieser drang in sein Auge, so daß Finsternis und Schweigen auf ihm lagen und er nicht weiterlebte.

Im Morgengrauen legte das Volk von Emhain Abhlach sie in ausgehöhlte Stellen unter strömendem Wasser; zwei flache Steine über ihnen wiesen in Richtung der Flut.

In jener Nacht saß Cairill allein. Alte Träume ruhten auf ihm. Groß war seine Sehnsucht.

Eine Frau trat zu ihm. Sie war so weiß und wunderschön wie das Leuchten des Mondes mit dem Abendstern darin. Ihr Haar war so dämmrig und weich wie die langen, warmen Schatten des Nachmittags. Ihre Augen hatten ein tieferes Blau als die Flügel des Eisvogels, und das Licht in ihnen war wie Tau, der in Ehrenpreisblüten hängt. Als sie auf ihrer kleinen goldenen *Clàrsach* spielte, waren ihre Hände so weiß wie Schaumwogen im Mondschein. Ihre Füße bewegten sich durch das grüne Gras wie wandernde Lilien.

Sie spielte Cairill ein Lied. Es klang so überaus schön, daß sein Leben wie zu einem Hauch wurde.

»Was ist das für ein Lied?« fragte er.

»Das Lied der Sehnsucht«, sagte sie. Ihre Stimme war wie ein Luftwirbel im Zwielicht über weißem Klee.

Sie spielte wieder. Es war eine so wilde Weise, daß ihm das Blut gegen das Herz klirrte, wie Schwertersturm gegen einen Schild.

»Was ist das für ein Lied?« fragte er.

»Das Lied des Verlangens«, sagte sie. Ihre Stimme war wie Wind, der sich in den Wäldern fängt.

Sie spielte wieder. Er hörte, wie die Meereswogen den Schnee von den hohen Berggipfeln mit sich nahmen, wie all das weiße Blut und die grünen Wunder der Erde zu einer Flamme verschmolzen, wie zwischen Sonne und Mond der Myriadensturm des Sternenschnees toste.

»Was ist das für ein Lied?« fragte er.

»Das Lied der Liebe«, sagte sie. Ihre Stimme war wie das stille Atmen einer Blume.

»Ich heiße Emar«, flüsterte sie, »und ich werde wiederkommen. Du bist meine Sehnsucht und meine einzige Liebe.«

Doch er sah sie nicht mehr, bis er wieder in Caer Charill war und auch Keevan seine eigene Gestalt angenommen hatte und nach Emhain Abhlach zurückgekehrt war.

Eines Tages, als er mit Wurfspeeren auf eine Eichenscheibe zielte, erblickte er eine Frau. Sie war schöner als jede andere, die er bisher gesehen hatte. Sie war so lieblich wie Emar, doch ihre Schönheit war die einer sterblichen Frau und nicht die jener Wesen hinter Tau und Mondenschein.

»Wer bist du und woher kommst du?« fragte er.

»Ich bin Emar«, sagte sie. Dann warb sie um ihn, und er machte sie zu seiner Königin.

Beim Hochzeitsfest erhob sich ein Fremder.

»Ich fordere eine Gabe«, sagte er.

»Es ist mein *Geas*, einem Fremden eine Gabe nicht zu verweigern«, sagte Cairill.

»Ich bin Balva von Emhain Abhlach. Emar hat vor langer Zeit Liebe auf mich gelegt. Ich fordere sie als meine Gabe.«

Cairill stand auf.

»Nimm mein Leben«, sagte er.

Da aber trat Emar an seine Seite. »So nicht«, sagte sie. Dann wandte sie sich zu Balva.

»Heute in einem Jahr magst du wiederkommen.« Da lächelte er, willigte ein in diese Frist und ging fort.

In diesem einen Jahr erfuhren Cairill und Emar die Tiefe und das Wunder der Liebe.

»Ich muß dich verlassen, aber ich werde wiederkommen«, sagte sie, als der Tag näherrückte. Dann riet sie Cairill, was zu tun sei.

Im Morgengrauen des Tages, als Balva zurückkehrte und Emar mit sich nahm, strich Cairill Tau auf seine Augenlider und flocht einen Zauberstab aus den Zweigen von Haselstrauch und Vogelbeerbaum; als der Mond aufstieg, ging er als blinder Bettler verkleidet heraus und spielte auf einer Schilfrohrflöte.

Als er zu Balva und Emar kam, sagte Balva:

»Deine Flöte hat einen wohltönenden Klang, Blinder. Wenn du sie mir gibst, will ich dir das geben, wonach dein Herz verlangt. So lautet mein *Geas*, wenn ich um eine Flöte, einen Falken, einen Hund oder eine Frau bitte.«

Cairill lachte. Er legte seine Blindheit ab. »Gib mir Emar«, sagte er.

Danach erfuhren Cairill und Emar für die Dauer eines weiteren Jahres tiefe Freude.

In der Nacht, als die Geburtswehen kamen, traf ein Windstoß den Ort, wo Emar lag, und wirbelte das Kind fort wie ein verwehtes Blatt. Cairill wurde von Zorn und Schmerz erfaßt, doch Emar sagte kein Wort. Sie träumte der Dämmerung entgegen.

Im Morgengrauen trat ein junger Mann zu ihnen. Er war schöner als irgendein anderer, den Cairill je gesehen hatte — schöner als Balva, schöner als Keevan. Er kam wie der Frühling durch grüne Wälder.

»Die Stunde ist gekommen«, sagte er und sah Emar an.

»Die Stunde ist gekommen«, sagte er nochmals und sah Cairill an.

»Wer ist dieser hochgewachsene Jüngling mit seinen schönen Jahren?« fragte Cairill.

»Es ist unser Sohn Ailill«, antwortete Emar, »er, der in der letzten Nacht geboren wurde.«

Sie stand auf und küßte Cairill auf die Lippen.

»Leb wohl, mein sterblicher Geliebter«, sagte sie.

Dann nahm Ailill die Schilfrohrflöte, womit Cairill Emar zurückgewonnen hatte, und sein Spiel legte Alter auf Cairill, so daß dieser weiß wurde und welk wie ein Ulmenblatt. Als er nur noch ein Schatten war, spielte Ailill auch den Schatten jenes Schattens fort, und dann ging der leere Hauch hinaus auf dem Wind.

II DIE VÖGEL DER EMAR

Ailill brachte der Emar Früchte und gab ihr eine Blume, die er in seinem Haar trug. Sie kannte den Duft jener Blume und wußte, wo sie in Emhain Abhlach wuchs; und von jener Frucht hatte sie gegessen, als sie in unsterbliche Dinge eingeweiht worden war.

Eine Stunde lang sprachen sie und Ailill von Geheimnissen und von Schönheit.

»Du hast vieles vergessen«, sagte er, »denn du fragst mich, warum ich schon meine männliche Schönheit erlangt habe, wo du mich doch erst in der vergangenen Nacht zur Welt gebracht hast.«

»Ich habe dich als eine sterbliche Frau gefragt, Ailill, denn ich habe dich geboren.«

Er lächelte.

»Wenn du in der letzten Nacht Tau in deine Hand gestrichen hättest und ein Strahl des Geheimen Sterns darauf gefallen wäre, so hättest du gewußt. Es war ein langer Weg von hier, als ich dich rufen hörte. Als ich dann kam, machte mich der Wind zu einem Schatten. Als ich neben dir war, wurde ich ein kleiner Luftwirbel. Dann atmete der Große Vater, und ich war in seinem Atem, und dieser Atem belebte das, was in dir war. Als Balva mich wegschnellen ließ, schleuderte er mich zu den Füßen von Ihm, Der das Rätsel von Rot und Weiß und Schwarz ist, und meine sterbliche Hülle war Erdstaub wie altes Bienenwachs. Du hast Ailill zum Sohn, weil Angus und Midir, die dich vor langer Zeit geliebt haben und immer lieben werden, zwischen mich und den Wind traten.«

»Ich erinnere mich«, sagte Emar sanft.

»Angus hob mich hoch. 'Er gehört mir', sagte er, 'weil er das Kind der Liebe ist, weil er die Liebe selbst ist; und er gehört auch deshalb mir, weil jene, die jung sterben, mein sind; und dann gehört er mir, weil ich der Speer-Werfer bin.'

Midir, der ein Gewand aus grünen Blättern trug und dessen Adern unter seiner erdbraunen Haut voll von weißem Lebenssaft waren, hob den Eschenstab, den er bei sich trug und an dessen Ende eine kleine, mondblasse Flamme loderte. Diese hielt er an den Erdstaub, der wie altes Bienenwachs war, und ich spürte, wie der Lebenssaft in mir hochstieg und das Blut floß; schon stand ich auf meinen Füßen, lehnte gegen den Baum, in den Midir hineingegangen war, so wie der Wind ins Gras fährt, und als ich in den Himmel blickte, sah ich dort Angus den Steuermann, der in der Großen Galeere saß und sang, während er an den leuchtenden Küsten der Sterne entlangsegelte.«

Emar beugte sich vor und küßte Ailill. »Dann bist du zu mir gekommen, mein Traum?«

»Ja. Und weil wir von Angus' Geschlecht sind, liegt der Traum, den wir träumen, jenseits des Speerstoßes.«

Dann sprachen Emar und Ailill noch von geheimen Dingen.

Zur Mittagszeit, zur Stunde der Horen, erhoben sie sich und gingen in die Welt hinaus. Niemand begleitete sie außer drei Vögeln, auf denen ein Zauberbann des Schlafes lag und die Ailill der Emar mitgebracht hatte von Angus, der sie liebte.

Sie zogen in weite Fernen. Eines Tages gelangten sie in die Felsenstadt, wo sie sieben Tage lang blieben; doch nach menschlicher Rechnung waren dies sieben Jahre. Sieben Tage lang lauschten sie dort dem Lied von den drei Vögeln der Emar.

Dann verließen sie die Felsenstadt und wandten sich nach Norden.

Eines Tages erblickten sie, als der Morgen herandämmerte, in einem Wald ein schönes Mädchen, das Milchvieh hütete und zwei Rehe zur Seite hatte. Emar bemerkte, wie eine Glut in Ailills Gesicht stieg und seine Augen leuchteten. Einer der schlafenden Vögel flog auf und schwebte singend über den Rehen. Das Mädchen schaute hoch und erblickte Ailill; sie wurde blaß vor unsterblicher Liebe, und Schatten traten in ihre Augen.

»Ich bin Muireall«, sagte sie, »die Tochter von Eoan und Finola und bin von der alten Rasse wie ihr, Emar, Tochter des Herrn der grauen Reiche, und Ailill, Sohn der Emar.«

Da wußten sie, daß der Vogel ihre Namen gesungen hatte. Sie nahm sie mit sich zu ihrem *Grianân* auf einem sonnenbeschienenen Erdhügel im Wald. Dort lag ihr Vater. Vor langer Zeit hatte er Mistelbeeren im Mondschein gegessen und war nicht wieder davon erwacht. Finola, die ihn mehr als ihr Leben liebte, hatte sich in die weiße Stille des Schlafes verwandelt und war zu einem Traum in seiner Seele geworden, wo sie heiter und ruhig lag.

Sieben Tage, die wie Jahre waren, blieben Emar und Ailill mit Muireall in dem *Grianân*. Ailill erlernte die drei Lieder des Angus. Es gibt keine Freude und kein Staunen, die jenem Wunder zu vergleichen wären.

Am Ende dieser Tage hörte Eoan Emars Vögel singen und erhob sich. Finola war immer noch ein Traum in seiner Seele, doch auch sie erwachte und stand in der Schönheit unwandelbarer Jugend neben ihm.

Am folgenden Tag verließen Emar und Ailill und Muireall den *Grianân* im Wald. Sie gingen in die Welt hinaus und streiften viele Tage umher. Sie folgten dem Großen und dem Kleinen Hund am Himmel, die auf den Polarstern weisen. Sie begegneten niemand außer Hirten und umherziehendem Volk.

Eines Nachts trafen sie in einem Wald aus alten, mit Flechten bewachsenen Bäumen auf einen Gott mit dem Kopf und der Brust eines Falken. Seine Augen waren schreckenerregend, doch er sprach sie nicht an und tat ihnen nichts Böses. Sie folgten ihm und gelangten an einen Ort, wo er sich in Anbetung niederwarf. Sie sahen dort nichts außer einem uralten, flachen Stein, über dem ein Labyrinth aus toten Blättern unaufhörlich wirbelte, obwohl kein Wind ging.

Drei Tage später hörten sie das Seufzen der See im Binnenland. Es hing zwischen dürren Bäumen und gebeugtem Gras. Oft lagen für einen Augenblick die Schatten von Seevögeln über den grünen Hängen.

Bei Sonnenuntergang gelangten sie plötzlich an eine Sanddüne und sahen dort einen Mann rasch dahergehen. Er war wunderschön. Zwei Wellen liefen wie Hunde hinter ihm. An diesen Wellen und an den Schaumkronen auf seinen sonnenhellen Locken erkannte Ailill, daß es Manànn war, der Sohn von Manànn mac Lîr.

Große Freude lag in dieser Begegnung. Manànn schaute Emar an und wußte, daß er nicht mehr zu träumen brauchte. Er führte sie alle zu einer sonnendurchfluteten Höhle bei der See. Ailill gab ihm Emar, und Emar und Manànn liebten sich ebenso, wie sich Ailill und Muireall liebten.

Sie lebten dort sieben Tage zusammen, die wie Jahre waren, während die Vögel der Emar sangen.

Als diese Zeit verstrichen war, kreuzte Dalua, der Amadan Dhu, ihren Weg, und sein Blick fiel auf sie, während sie schliefen. Selbst die beiden Wellen des Manànn waren blind, flach und regungslos.

Vor langer Zeit hatte auch Dalua Emar geliebt. Doch Manànn hatte ihn gedemütigt, und Manànn mac Lîr hatte ihn von der See verbannt.

Er nahm seine Rohrflöte und begann sanft zu spielen. Mit seinem Spiel legte er Schlaf auf die beiden Wellen und tieferen Schlummer auf die Schlafenden. Dann verwandelte er einen von den singenden Vögeln der Emar in eine Schwalbe, die nach Süden flog; einen anderen in einen Kuckuck, der nach Westen flog; und den dritten in einen Kranich, der nach Osten flog. Aus dem Norden schließlich holte er einen Schwarm Krähen und hieß sie, die Felder und das reife Korn zu verzehren. Dann griff Dalua erneut zu seiner Flöte und spielte eines der Lieder, das älter ist als die Tuatha Dé.

Als Manànn und Ailill und Muireall erwachten, hörten sie kein Vogelsingen und sahen, daß Emar nicht mehr bei ihnen war. Die Felder lagen bereits verwüstet.

»Das ist Daluas Werk«, sagte Manànn, und sein Blick war finster vor Zorn, »und wir werden alle den Tod erleiden, wenn wir nicht dorthin gehen, wo Leben ist. Die Krähen verzehren das Korn, und ein Gifthauch liegt auf allem, was grün ist, und auf der Erde.«

Als sie die Höhle verließen, blickte Muireall voller Sehnsucht auf eine weiße Blume, die an einer kleinen sonnenbeschienenen Stelle aus weichem Gras und Seenelken wuchs. Doch das Herz war ihr zu schwer, um die Blume zu pflücken.

Es war Emar, die Dalua in diese Form verwandelt hatte, und er selbst war zu einem grünen Stengel mit grauseidenen Blättern geworden, die sie umfingen und stützten.

Durch den Verlust der Vögel und die Bannsprüche Daluas waren die drei wie Menschenwesen aus vergänglichem Erdstaub geworden. Nach vielen Wanderungen und manchen Jahreszeiten, in denen Manànn Körbe und andere Dinge aus Weidenruten flocht, während Muireall sang und Ailill auf einem Tympanon spielte und sie sich auf diese Weise Nahrung und Unterkunft verdienten, gelangten sie wieder in Albas südliche Länder und an die Küsten von Solway.

Wind und Flut kamen von Süden; und als Manànn den Schaum an seine Stirn hob, erhielt er seine alten Kräfte zurück, und als er sich umblickte, sah er, wie seine beiden Wellen, die ihm immer gefolgt waren, auf dem gelben Sand hüpften und spielten.

Doch Ailill und Muireall waren betrübt, denn für sie trat keine Verwandlung ein. Am nächsten Tag traf sie ein noch schlimmeres Unglück; denn als sie schweigend durch einen Wald liefen, wurden sie von den Gefolgsleuten des Scarva, der sich unrechtmäßig die Herrschaft über jenes Gebiet angeeignet hatte, gefangengenommen und in eine finstere Höhlung des Felsens geworfen, auf dem Scarvas *Dûn* erbaut war.

Scarva und sein Weib Gâra hätten auch Manànn gerne zu ihrem Gefangenen gemacht, waren jedoch nicht in der Lage dazu. Eines Tages ging er durch den Wald und sah, wie ein weißes Reh durch das Farnkraut lief. Er sandte ihm seine beiden Wellen nach, denn er wußte, daß es Gâra war, die ihn dazu verleiten wollte, den einzigen Speer nach ihr zu werfen, den er bei sich trug. Die beiden Wellen rollten über sie hinweg und sie wäre ertrunken, hätte sie nicht um Gnade gefleht. Manànn willigte ein, ihr das Leben zu schenken, wenn sie ihm bei Sonne und Mond, bei Flamme und Wind und Wasser, beim Tau und bei Tag und bei Nacht schwören würde, Ailill und Muireall freizulassen. Auch sollte Scarva ihm für die Dauer von drei Tagen und für einen weiteren Tag und eine Nacht den Weißen Hund geben, der in seinem Besitz war und den er von Myrlyn für einen Dienst erhalten hatte.

Und so geschah es.

Am ersten Tag führte der Weiße Hund Manànn und Ailill und Muireall durch einen verzauberten Wald zur See hinab und von dort über einen geheimen Weg zur Insel des Manànn mac Lir, so daß Manànn in seinem eigenen Land hierhin und dorthin ging.

Am zweiten Tag schwamm der Weiße Hund vor der Barke her, in der Ailill allein saß, und führte ihn mit Manànns beiden Wellen nach Emhain Abhlach, wo auch er in seinem eigenen Land weilte.

Am dritten Tag führte der Weiße Hund Ailill durch einen Wald an den Ort, wo Dalua schlief; seine Haselgerte lag auf dem Moos, und Emar war an seiner Seite.

Ailill hob den Zauberstab und legte damit Schweigen und eine tranceähnliche Entrückung auf Dalua. Da träumte Dalua, und durch die Bewegung seines Traumes wurde Emar in eine weiße Blume verwandelt, die auf seiner Brust lag. Ailill aber nahm die Blume und flüsterte zu ihr, und da stand Emar wieder neben ihm, wunderschön und mit dunklen, unsterblichen Augen.

Bevor Emar und Ailill mit den beiden Wellen des Manànn und den drei Vögeln fortgingen, die rot, weiß und schwarz waren, schwenkte Ailill den Stab über Dalua, so daß sich dieser erhob und dem Weißen Hund folgte. Die ganze Nacht über und während des nächsten Tages bewegten sie sich rasch über unbekannte Wege dahin, bis sie ans äußerste Ende der Welt gelangten.

Hier wich der Bann von Dalua; er wachte auf und blickte hinab in den Abgrund, wo die Sterne schienen.

Da weinte Dalua, weil er jene Unendlichkeit sah und weil er wußte, daß tausend Jahre vergehen würden, bevor er wieder den Weg nach Emhain Abhlach finden konnte.

In der Nacht, die auf jenen Tag folgte, wachte Scarva der *Ardrigh* plötzlich auf, denn er hörte das Bellen des Weißen Hundes; und als er den Hund eingelassen hatte, legte dieser sich nieder und starb. Auf dem weißen Fell zwischen seinen roten Augen war ein schwarzer Fleck.

»Was ist das?« fragte der König einen Druiden, der um die Geheimnisse wußte.

»Es ist die Berührung von Dalua, dem Amadan Dhu«, sagte der Druide. »Sie bringt Wahnsinn oder Tod.«

Und immer noch singen die Vögel der Emar alte, vergessene Lieder, die stets wieder neu sind. Und es gibt keinen, der sie nicht hören könnte — wenn der Mond aufsteigt, wenn der Tau herabfällt, inmitten der grünenden Welt.

War es deshalb, weil ich dich dunkel wünschte,
daß du nicht um den weißen Zauber wissen konntest?
Oder war es so, daß dich der weiße Zauber in deiner
Dunkelheit nicht erreichen konnte?
Ein Gott wandte dieses ein, und ein anderer Gott
entgegnete jenes.
Doch ein Gott weiß — bei ihm soll
die Entscheidung liegen.

AN LEABHAR BAN
(Das Buch der weißen Magie)

ENYA MIT DEN DUNKLEN AUGEN

An dem Tag, als Firbis von den Sieben *Dûns*, genannt Firbis der Weiße, wegen des langen weißen Haares, das ihm bis auf die Schultern fiel, und auch wegen seines weißen Gesichtes, bleich wie das eines Aussätzigen, mit scharlachroten Lippen, dem Cathba, Sohn des Cathba Mòr, seine Tochter zur Frau versprach, war Enya nicht zu finden.

Zuerst lachte Firbis darüber. Doch als er sah, wie Cathba finster blickte und murrte, wurde er zornig und ließ nach dem Mädchen suchen.

Es war Culain von den Fährten, der sie in der Tiefe des großen Waldes hinter Dûn-Firbis fand, und Aodh der Sänger war bei ihr. Niemand in der ganzen Gegend wußte, wer Aodh war — nur, daß er von den Hügeln des Nordens stammte. Das kam daher, weil er unter dem Gelübde eines *Geas* stand, eine Maske aus Rehfell über seinem Gesicht zu tragen, die nur Schlitze für Augen, Mund und Nasenlöcher ließ, und dieses Gelübde durfte er nicht brechen. Seine Lieder waren die lieblichsten, welche die Männer und Frauen in Alba jemals gehört hatten; und wenn er spielte, so nannten sie ihn den Grünen Harfner, denn ein Zauber lag auf ihnen während dieses Spiels. Er hatte keinen anderen Namen unter ihnen als »Der Harfner«. Einmal verhöhnte Cathba ihn und behauptete öffentlich, er glaube nicht, daß dieser Mann ein echtes *Geas* habe, sondern daß er ein Späher sei. Mitten unter den sich erhebenden Speeren und den plötzlich wie von einem Windstoß erzitternden Schwertern stand Aodh unbeweglich. Er nahm seine Harfe und spielte; und in dem sich anschließenden Schweigen schlug er erneut die Saiten und sang ein altes und unendlich süßes Lied der Ahnen. Als er geendet hatte, ruhte jede Waffe.

Doch nun erblickte Culain von den Fährten den Harfner ohne seine Maske aus Rehfell, die zu seinen Füßen auf dem grünen Moos lag.

Auf dem Ast einer umgestürzten Eiche hatte sich Enya mit den Dunklen Augen müßig ausgestreckt. Ihr Blick ruhte leuchtend auf Aodh.

»Mein Herr und mein König«, rief sie mit einer leisen Stimme, die von so erregender Schönheit war, daß Culain, der noch ein Jüngling und ein Träumer von Träumen war, zitterte. Aodh hatte ihr gerade ein Lied zu Ende gesungen.

Culain wendete sich um und ließ sich in den Farn sinken. Doch Aodh hatte gehört. Der Pfeil flog ab, er pfiff einen hohen Ton und drang zwischen den weißen Schultern des Jünglings ein, bis sich seine Spitze in die Eichenwurzel unter ihm gebohrt hatte.

Aodh kam hervor und sah nach ihm.

»Dieser Pfeilschuß bereitet mir Schmerz«, sagte er ernst, »denn du bist jung und anmutig.«

»Es ist Culain«, flüsterte Enya, die rasch an den Ort getreten war, wo der Getroffene lag. »Es ist Culain von den Fährten.«

»Ja«, antwortete Culain, als er das Blut aus seinem Mund gespuckt hatte, doch ohne den Kopf zu wenden, da dieser von dem Pfeil wie angeheftet war. »Ja, es ist Culain, und das ist meine letzte Fährte.«

»Laß ihn«, flüsterte Enya, als sie sah, daß der Harfner seinen Speer hob. »Laß ihn, Aodh, mein Herr. Vielleicht wird er am Leben bleiben.«

»Es sollte sein Ende weniger grausam machen. Doch wie du willst, Enya.« Dann gingen die beiden tiefer in den Wald hinein.

Später fanden die Läufer Culain, doch er war tot. Bei Sonnenuntergang hörte Firbis Enya in dem *Grianân* über der großen Halle der Hörner singen. Er ließ sie rufen und sagte ihr, daß sie am nächsten Tag Cathbas Weib werden sollte. Enya sprach kein Wort, doch als der Mond aufstieg, ging sie an den Waldrand und stieß drei Schreie der weißen Eule aus.

»Wer wird ein Lied für diese Hochzeit singen?« fragte Firbis nach dem Ale-Fest am Morgen. »Wo ist der Harfner?«

Doch niemand war ihm begegnet. Ein alter Mann erzählte, er habe bei Mondaufgang gesehen, wie er auf einem weißen Hengst den Sternen des Nordens entgegengeritten sei.

Um die Mittagsstunde nahm Cathba Enya zur Frau. So groß war ihre Schönheit, daß die jungen Männer ihn mit neidischen Augen ansahen und die alten Männer unbeholfen vor staunender Scheu schweigend dasaßen.

»Sing mir ein Lied«, sagte er.

Sie sang ein Liebeslied. Er lachte, als sie die kleine, goldverzierte *Clarsàch* wieder absetzte und strich sich das Haar aus den Augen.

»Warum lachst du, Cathba der Schnellfüßige?«

»Weil du nicht weißt, wovon du sprachst, als du dieses Lied sangst; doch genauso, wie du gesungen hast, soll es sein.«

Enya bückte sich und hob die *Clarsàch* erneut hoch. Als sie sich wieder aufrichtete, warf sie den Kopf zurück, und ihre Augen waren von Feuer erfüllt. Unvermittelt lachte sie.

»Warum lachst du, Enya mit den Dunklen Augen?«

»Weil Aodh der Sänger, Aodh der König hier ist, und weil er meinetwegen kommt, die ich sein Weib bin.«

Cathba sprang auf die Füße. Doch schon war der Wolfsriemen um ihn geschlungen und war er an Händen und Füßen gefesselt, bevor er noch das lange Messer mit dem goldenen Griff ziehen konnte, das er bei sich trug.

Aodh beugte sich nieder und hob ihn hoch; dann warf er ihn auf die Hirschfelle, wo Enya gelegen hatte.

»Das Brautbett für dich, Cathba«, sagte Aodh spottend, »die Braut für mich.«

Draußen war das Klirren von Speeren und Schwertern, waren die wilden und klagenden Schreie von Männern und Frauen verstummt. Die Bergleute waren an Zahl unterlegen, sonst hätten sie den *Dûn* niedergebrannt. Doch Firbis rief nach einem Waffenstillstand und gebot Aodh, mit Enya fortzugehen.

So geschah es, daß Aodh der Bergkönig, Aodh der Sänger, Aodh der Stolze, Enya mit den Dunklen Augen gewann, die er liebte.

Doch er liebte übermäßig. Das ist zwar nicht die Art von Königen, aber Aodh war ein Dichter, und er hatte den Traum der Träume.

Am Tag, als der *Ardrigh* der Bergländer gestorben war, kamen Boten zu Aodh dem Stolzen, denn er sollte neuer Hochkönig werden. Er suchte nach Enya, um ihr davon zu erzählen, doch sie war in den Wäldern oder auf den Hügeln. So zog er nach Osten, ohne die noch einmal zu sehen, die er liebte.

Es war im *Dûn* des Hochkönigs, wo er hörte, daß Cathba seinen Wohnsitz verwüstet und Enya als Gefangene mit sich fortgeführt habe.

In einer Nacht und einem Tag war er wieder in seinem eigenen Land. Auf seinen Ruf hin sammelten sich die Hügel-Clans, und dort, wo die Berge anfangen, holte er die Krieger und Gefangenen Cathbas ein. Dann wurde die Schlacht des Hügelhangs geschlagen.

Als die Sonne unterging, lagen hier Kronen, eitles Gold in gelbem Sand, die niemand mehr beachtete; und dort, wo das hohe Gras wogte, ruhten Frauenherzen still in braunem Schweigen, so daß die schwirrenden Nachtfalter bewegungslos ihre Flügel darüber schweben ließen, wo früher einmal so viel Seufzen gewesen war und nun kein Pulsschlag der Freude mehr.

Der Lärm der Speere war verstummt. Nicht mehr der Wurfspieß, sondern der wilde Geier zischte durch die Stille. Raben flogen dort, wo die Pfeile in Blutlachen steckten.

Der Mann, der dieses Gemetzel verursacht hatte, stand allein an jenem Ort. Die Krieger waren in den dunklen Schluchten, jenseits des Flusses unterhalb des Hügelhangs, stießen Speere in bleiche Flüchtlinge und lachten, als sie weiße Frauen mit ihrem langen Haar an Fichtenstämme banden.

Dieser Mann wurde Aodh der Stolze genannt.

Aodh suchte unter den Toten. Zuerst betrachtete er all jene, die mit dem Kopf nach vorn gefallen waren oder mit nach oben gewendetem Gesicht dalagen. Dann drehte er widerwillig die leblosen Körper von jenen herum, die von hinten mit dem Speer oder Wurfspieß getroffen waren.

Nirgendwo fand er Cathba.

In jener Nacht brachten sie eine Gefangene zu ihm. Sie war alt, doch sie erkaufte sich ihr Leben mit dem, was sie zu sagen hatte — denn sie wußte von Enya zu berichten.

Cathba war nicht in der Schlacht des Hügelhangs dabeigewesen. Er weilte in einem nahegelegenen Wald-*Dûn*, der Enyas Vater gehörte.

Firbis der Weiße hatte Aodh immer gehaßt, und das Gelächter des alten Mannes war jetzt so laut und so lang wie das Bellen seines Wolfshundes. Als sie fortgegangen sei, meinte die Frau, lag Enya auf den Hirschfellen und spielte mit Cathbas langem Haar.

»Sie sang ein Lied«, fügte sie noch hinzu.

»Welches Lied sang sie?« fragte Aodh.

»Es war ein Lied von sich begegnenden Winden und Wogen, von Tag und Nacht, von Leben und Tod. Und am Ende eines jeden Singens hieß es:

»Ich, Enya mit den Dunklen Augen, liebe
nur dich und dich allein, mein Liebster;

Du bist der Mann meines Herzens,
dich liebe ich am meisten und dich allein,
mein Liebster!«

Da wußte Aodh der König, welches Lied Enya mit den Dunklen Augen gesungen hatte, als sie auf den Hirschfellen lag und mit dem langen dunklen Haar Cathbas, Sohn von Cathba Mòr, spielte. Er hatte dieses Lied gehört, als Enya mit den Dunklen Augen auf den Hirschfellen in dem Berg-*Dûn* von ihm, Aodh dem König, lag und mit seinem langen hellen Haar spielte.

Aodh der Stolze wandte sich ab und schritt allein durch das Feld der Toten zurück. Doch als er zu seinem *Dûn* kam, wollten ihn die Frauen nicht einlassen, denn er heulte wie ein Wolf und schüttelte einen blutigen Speer, und er hatte ein wildes Lachen und rief einem Stern zu, der tief im Westen hing: *»Enya! Enya! Enya!«*

So blieb er nicht länger König. Er wurde der Lachende Mann genannt, denn er konnte keinen Speer mehr werfen, sondern lachte oft grundlos, und immer stand ein wenig Schaum vor seinem Mund. Schließlich aß er Wurzeln und ging nackt umher und wurde am Ende von den Wildschweinen zu Tode getrampelt.

Das ist die Geschichte von Aodh dem Stolzen, der unvergängliche Schönheit aus der Schönheit und Liebe der Enya mit den Dunklen Augen machte, die zwei Männern dasselbe Lied sang.

Liebe ist wie ein Dunst, der vom Wind verzehrt wird.
Hüte sich ein jeder vor diesem Wind,
der sich nach jenem lieblichen Dunst sehnt.
Er ist wie ein Hauch und ist doch nicht.
Es gibt keine Sorge, die der Sorge dieses Windes gleichkommt.

LEABHRAN MHOR-GHEASADAIREACHD
(Das Kleine Buch der Großen Verzauberung)

CRAVETHEENS HARFENSPIEL

Zu der Zeit, als Cormac, der überall im nördlichen Eireann als Cormac Conlingas, der Sohn des Concobar, Sohn des Nessa, bekannt war, als eine der zehn Geiseln für die Treue der Ultonier bei Conairy Mòr weilte, liebten ihn Männer und Frauen wegen seiner Stärke, seiner Tapferkeit und Schönheit. Er war hochgewachsener und breitschultriger als seine Gefährten, obwohl auch die anderen neun Geiseln zu den hochgewachsensten und breitschultrigsten Männern der Ultonier und zu den größten Kriegern gezählt wurden, die das grüne Banba, wie Eireann liebevoll von den Barden genannt wurde, jemals erlebt hatte.

Die Heldenlieder sangen von ihm als einem stolzen Kämpfer, dessen Augen von Licht und Feuer glühten und dessen Haar wie das Gold des Septembermondes war. Das Volk sprach von seinem kraftvollen Speerstoß, seinem gewandten Schwerthieb, von seinem schrecklichen Zorn und seiner wütenden Kampfeslust, von seinem Lachen und seiner hellen Freude und dem Lied, das auf seinen Lippen war, wenn sein Schwert ruhte. Niemand wagte »Blau-Grün« zu berühren, wie Cormac Conlingas dieses nannte — denn in seiner schwingenden Bewegung schimmerte es blaugrün wie der zuckende Blitzstrahl. Das »Flüsternde Schwert« hieß es auch bei seinen Gefährten, denn es flüsterte, wann immer es durstig war, und nur ein roter Trank konnte seinen Durst löschen; und es flüsterte, wenn das rote Blut unter Männern zu gären begann, welche die Ultonier haßten und gleichzeitig fürchteten; und es flüsterte, wann immer ein Schatten dem Schatten Cormacs, Sohn des Concobar, Sohn des Nessa, nachstellte. Daher gab es unter allen, die seinen Tod wünschten, nicht einen, der nicht das verhängnisvolle Flüstern des Schwertes fürchtete, das von Lên dem Schmied geschmiedet worden war, dort, wo er für immer sitzt und in seinem Dunst aus Regenbogen arbeitet.

Die Frauen sprachen von seiner Stärke wie von ihrer eigenen stolzen Schönheit. Er habe die Art des Sonnenlichtes an sich, sagten sie — und die der Sonnenglut, fügte eine von ihnen fast unhörbar hinzu; das war Eilidh, die Tochter von Conn mac Art und Dearduil, der Tochter von Somhairle, dem Fürsten der Inseln — Eilidh, die Tochter der Dearduil, die Tochter der Morna: das waren die drei Königinnen der Schönheit in drei aufeinanderfolgenden Generationen.

Diese schöne Eilidh gehörte nicht zu den Ultoniern, sondern zu den Untertanen des Conairy Mòr. Zu der Zeit, als die zehn Geiseln bei dem Roten Fürsten weilten, wurde sie blaß und schwach an der Liebeskrankheit. Ihre Mutter Dearduil wußte, wer der Mann war. Sie hielt einen Spiegel aus poliertem Stahl vor den Mund des Mädchens, während es schlief, und sah, wie die Flammen der Liebe ein rotes Herz darin einbrannten, auf dem in weißer Glut geschrieben war: »Ich bin das Herz von Cormac, dem Sohn des Concobar.« Da spürte Dearduil ebenso Freude wie Furcht: Gewiß, es gab keinen größeren Helden als Cormac Conlingas; doch er war ein Ultonier und würde bald fortgehen, und Conairy Mòr würde wenig erfreut sein, daß die schöne Eilidh, die seit dem Tode Conns sein Mündel war, einen der Männer von Concobar mac Nessa heiraten sollte, den er in seinem Herzen haßte.

Es war da ein Krieger, der Art mac Art Mòr genannt wurde. Conairy Mòr war ihm gewogen und hatte ihm Eilidh versprochen. Eines Tages kam dieser Mann zu dem Hochkönig und sagte:

»Soll sie, Eilidh, das Brüllen der Kühe hören, die auf meinen Hügeln sind?«

»So ist es, Art mac Art.«

»Ich habe mit dem Mädchen gesprochen. Sie ist wie der Wind im Gras.«

»Das ist Weiberart. Folge ihrer Spur, und du wirst sie nicht finden. Doch sage 'Komm', und sie werden kommen; und sage 'Tu', und sie werden gehorchen.«

»Ich habe das Wort auf sie gelegt, und sie hat mich ausgelacht. Ich habe 'Komm' gesagt, und sie hat mich gefragt, ob die fließende Woge die Stimme des gestrigen Windes hört. Ich habe 'Tu' gesagt, und sie hat mir zugerufen: 'Neigen sich etwa die Hügel, wenn die Füchse bellen?'«

»Was ist hinter deinen Lippen, Art mac Art Mòr?«

»Daß du den Mann fortschickst, der das Unheil angerichtet hat, das auf Eilidh liegt.«

»Wer ist der Mann?«

»Er gehört zu den Geiseln.«

Conairy Mòr grübelte eine Weile. Dann strich er sich über den Bart, der so braunschwarz wie Bachwasser im Schatten war, und lachte.

»Warum erfaßt dich Gelächter, mein König?«

»Gewiß muß ich lachen, wenn ich an das Blut der weißen Jungfrau denke. Sie sagen, daß es aus Milch sei, doch ich glaube, es muß die Milch der Heldenfrauen aus alter Zeit sein — rot und warm wie der Strom, den der Weiße Hund durchquert, wenn er durch die Nacht eilt. Und dieses Blut, das in Eilidh fließt, springt dem Blut der Helden entgegen. Sie möchte das Gewicht des Goldhaarigen Cormac auf sich spüren!«

»Sein Blut oder meines!«

Der König schwieg eine Zeitlang. Dann lächelte er, und das verhieß Unheil. Nach einer Weile runzelte er die Stirn, und das war nicht mehr so unheilverheißend.

»Nicht deines, Art.«

»Und wenn nicht meines, was geschieht dann mit Cormac mac Concobar?«

»Er soll gehen.«

»Allein?«

»Allein.«

Am Abend jenes Tages ging Dearduil hin, um Cormac Conlingas zu warnen und ihn zu bitten, den weißen Schnee ohne einen roten Flecken zu lassen. Doch als sie seinen Schlafplatz betrat, lag Eilidh dort auf den Hirschfellen.

Dearduil schaute sie lange an, bevor sie sprach.

»Nach dem, was in deinen Augen ist, Eilidh meine Tochter, bist du heute nicht das erste Mal zu Cormac Conlingas gekommen?«

Das Mädchen lachte leise. Ihre weißen Arme bewegten sich durch ihr schimmerndes Haar wie Sicheln im Korn. Sie blickte Cormac an. Die Flamme, die in ihren Augen war, strahlte aus den seinen zurück. Dearduil wendete sich zu ihm.

»Nein«, sagte er ernst, »es ist nicht das erste Mal.«

»Ist die Saat gesät, Landmann?«

»Die Saat ist gesät.«

»Das bedeutet Tod.«

»Die Flut steigt, die Flut verebbt.«

»Cormac, es werden zwei in dieser Nacht sterben, wenn Conairy Mòr davon erfährt. Und selbst jetzt schon richtet sich sein Wort gegen dich. Liebst du Eilidh?«

Cormac lächelte unmerklich, gab jedoch keine Antwort.

»Wenn du sie liebst, würdest du nicht sehen wollen, daß sie getötet wird.«

»Es ist kein großes Unglück zu sterben, Dearduil-nic-Somhairle.«

»Sie ist eine Frau und trägt dein Kind unter ihrem Herzen.«

»Das ist wahr.«

»Willst du sie retten?«

»Wenn sie es will.«

»Sprich, Eilidh.«

Da stieg der Schrecken im Herz des Mädchens auf und flatterte umher wie ein verängstigter Vogel in der Dunkelheit. Sie wußte, daß Dearduil aus der Tiefe ihres Herzens gesprochen hatte. Sie wußte, daß Art mac Art Mòr seine Hände in diesem schlimmen Spiel hatte. Sie wußte, daß für Cormac und sie selbst der Tod nahe war. Ihre Glieder, die vor Liebe gezittert hatten, bebten nun vor Furcht. Plötzlich stieß sie einen leise schluchzenden Seufzer aus.

»Sprich, Eilidh.«

Sie drehte ihr Gesicht zur Wand.

»Sprich, Eilidh.«

»Ich will sprechen. Geh fort, Cormac Conlingas.«

Der Führer der Ultonier starrte sie an. Dieser Urteilsspruch zum Leben war schlimmer für ihn als das Todesurteil. Ein zorniges Feuer flammte in seinen Augen auf. Seine Lippen kräuselten sich.

»Möge es kein Knabe sein, den du haben wirst, Eilidh mit dem goldbraunen Haar«, sagte er verächtlich; »denn es wäre schlimm für einen Sohn des Cormac mac Concobar, ein Feigling zu sein, wie es seine Mutter war und wie sie den Tod zu fürchten, obwohl dies noch keine aus ihrem Geschlecht vorher getan hat.«

Und damit wandte er sich auf der Ferse um und ging fort.

Doch er war noch nicht weit gekommen, als er auf Art mac Art Mòr mit den anderen traf.

»Es ist das Wort des Königs«, sagte Art bloß.

»Ich bin bereit«, antwortete Cormac. »Ist es Tod?«

»Komm mit. Der König wird es dir sagen.«

Doch in jener Nacht floß kein Blut. Am Morgen waren es nur noch neun Geiseln. Der zehnte Mann ritt langsam nordostwärts, der grauenden Dämmerung entgegen.

Wenn im Herzen des Cormac Conlingas Kummer war und ein bitterer Schmerz wegen Eilidh, die er liebte und von der er gern die Härte seiner Worte genommen hätte, so war im Herzen Eilidhs ein Laut wie von zertretenem Rasen.

An jedem Tag wurde es schlimmer für sie. Conairy Mòr selbst kam zu ihr; zu seiner Rechten ging Art. Der König fragte sie, ob sie dem Sohne des Art Mòr die Treue schwören und sein Weib sein wollte.

»Das kann nicht sein«, sagte sie. Alle Furcht, die das Mädchen im Herzen gehabt hatte, war jetzt erloschen, war von den Worten Cormacs getötet worden. Sie wußte nun, daß sie, wenn es sein mußte, wie ihre Ahnin, die Mutter Somhairles, einen brennenden Holzklotz auf ihrer Brust haben und die Qual ertragen konnte, so als würde sie dort ein totes Kind halten.

»Und warum kann es nicht sein?« fragte Conairy Mòr.

»Weil es nicht Arts Kind ist, das ich in meinem Schoß trage«, sagte Eilidh bloß.

Das Gesicht des Königs verdunkelte sich. Art mac Art griff mit seiner rechten Hand zu dem Dolch an seinem silberbeschlagenen Ledergürtel.

»Bist du eine Lustdirne?«

»Nein. Bei der Treue meiner Mutter und der Mutter meiner Mutter, ich liebe einen anderen Mann als Art mac Art Mòr, und jener Mann liebt mich, und ich gehöre zu ihm.«

»Wer ist dieser Mann?«

»Sein Name ist allein in meinem Herzen.«

»Ich will dich drei Dinge fragen, Eilidh, Tochter der Dearduil: Ist der Mann einer aus deinem Volk? Ist er von edlem Blut? Ist er tauglich, das Mündel des Königs zu heiraten?«

»Er ist tauglicher als irgendein Mann in Eireann, das Mündel des Königs zu heiraten. Er ist von edlem Blut und selbst der Sohn eines Königs; doch er ist Ultonier.«

»Du hast es gesagt. Es ist Cormac mac Concobar mac Nessa.«

»Ja, es ist Cormac Conlingas.«

Mit einem lauten Lachen trat Art mac Art vor. Er hob seine Hand und schlug das Mädchen ins Gesicht.

»Bist du seine zehnte oder seine hundertste? Nun, ich möchte dich jetzt nicht einmal mehr als Dienstmagd haben wollen.«

Wieder hatte sich das Gesicht des Königs verdunkelt. Schlimmes war zu befürchten, denn ihm mißfiel der Anblick eines Mannes, der eine Frau schlug — und wenn es nur leicht war.

»Art, ich habe schon einen besseren Mann als dich für eine Sache töten lassen, die es weniger verdiente als diese. Nimm dich in acht!«

Der Mann blickte finster.

»Willst du tun, wie du gesagt hast, König?«

»Nein — jetzt nicht. Eilidh, jener Schlag hat dich gerettet. Sonst hätte ich Art mit dir tun lassen, was er wollte, sei es Knechtschaft oder Tod; doch nun bist du von ihm befreit. Nur eines sage ich dir: Kein Ultonier soll dich jemals in seine Arme nehmen. Du wirst Cravetheen, den Stiefbruder Arts, heiraten.«

»Cravetheen den Harfner?«

»So ist's.«

»Er ist alt und weder schön noch freundlich.«

»Er hat kein Alter auf sich, worüber ein Mädchen zu

spotten braucht; und er ist freundlich genug zu jenen, die sich ihm nicht in den Weg stellen; und vor allem hat er den Honigmund; und wenn er auch nicht so schön ist wie Cormac Conlingas, so ist er doch gut anzusehen.«

»Aber . . .«

»Ich habe gesprochen.«

Und so geschah es. Cravetheen nahm Eilidh zum Weib. Er verließ den großen *Dûn* des Conairy Mòr und lebte in seinem eigenen *Dûn* in den Wäldern, die an das Land der Ultonier grenzten.

In jener Nacht, als Eilidh zum ersten Mal auf den Hirschfellen in seinem *Dûn* lag, nahm er seine Harfe und spielte eine wilde Melodie. Eilidh lauschte. Tränen traten ihr in die Augen, und dann wurden diese von tiefen Schatten verdüstert. Sie ballte ihre Hände zu Fäusten, bis ihre Nägel sie blutig ritzten. Schließlich lag sie zitternd mit dem Gesicht zur Wand. Denn Cravetheen hatte sein Harfenspiel bei einem Grünen Jäger an den Hängen des Sliav-Sheean erlernt. Er konnte das in Musik ausdrücken, was selbst die Druiden nicht in Worte fassen konnten.

Als er geendet hatte, sagte er nur:

»Es wird ein Tag kommen, an dem ich dir ein Hochzeitslied spielen werde. Doch vorher werde ich dir zweimal spielen.«

»Und hüte dich vor dem dritten Harfenspiel«, sagte, nachdem er fortgegangen war, seine alte Mutter, die vor sich hin summend und murmelnd vor den schwelenden Holzblöcken saß.

Das zweite Harfenspiel folgte erst einige Monate später, am Abend des Tages, als das Kind von Eilidh und Cormac Conlingas geboren wurde.

Während der ganzen lautlosen Wehen der Frau — denn sie hatte den Stolz des Stolzes — spielte Cravetheen der Harfner, da er wollte, daß das Kind durch sein Spiel tot geboren werde. Doch Eilidh wußte dies und gab ihm den Lebensatem direkt aus ihrem Herzen. »Meinen Pulsschlag für dich«, flüsterte sie zwischen unterdrücktem Schluchzen. Dann spielte Cravetheen, weil er wollte, daß es blind und taub und stumm geboren werde. Doch Eilidh wußte dies und flüsterte zu der Seele, die hinter ihren Augen schaute: »Schenke ihm Licht«; und zu der Seele, die hinter ihren Ohren lauschte: »Schenke ihm Gehör«; und zu der Seele, deren Schweigen hinter ihrem Schweigen war: »Schenke ihm Sprache.«

Und so wurde das Kind geboren, und es war ein Junge, der schön anzusehen war.

Als die Ohnmacht über Eilidh kam, hörte Cravetheen zu spielen auf. Er erhob sich und blickte die Frau an. Dann nahm er das Kind hoch und legte es auf ein Rehfell ins Sonnenlicht, an einen grünen Platz, wo sich die Mondscheintänzer sammelten. Er griff erneut zur Harfe und begann wieder zu spielen.

Beim ersten Spiel hörten die Vögel zu singen auf; da trat Schweigen ein in den Ästen. Beim zweiten Spiel hörten die Blätter zu rascheln auf; da trat Schweigen ein in den Zweigen. Beim dritten Spiel sprang der Hase nicht mehr, blinzelte der Fuchs schläfrig, legte sich der Wolf nieder. Beim vierten, fünften und sechsten Spiel faltete der Wind seine Schwingen zusammen wie ein großer Vogel, die leichte Brise des Waldes kroch unter das Farnkraut und schlummerte ein, die Erde seufzte und war still. Überall herrschten Schweigen und Schlaf.

Beim siebenten Spiel kam das stille Volk heraus auf den grünen Platz. Sie waren klein und zierlich, in Grün gekleidet, mit weißen Gesichtern, wie Maiglöckchen.

Sie lachten leise untereinander, und einige klatschten in die Hände. Einer von ihnen erkletterte eine Distel und schwang sich rundherum im Kreis, bis er mit einem dumpfen Aufschlag wie ein Tautropfen herunterfiel und jämmerlich schrie. Es war nicht eher Ruhe, bis ein Elb ihn bei einem grünen Bein nahm und ihn durch eine Öffnung im Gras hinabschob und diese mit Löwenzahn zustopfte.

Dann war einer unter ihnen, mit scharlachfarbenem Mantel und einer grünen Mütze, von der ein Faden aus Distelflaum wehte wie eine Feder; seine winzigen Äuglein glänzten, als er vortrat und auf einer kleinen Harfe zu spielen begann, die aus einem Vogelknochen mit drei Sommerfäden als Saiten gemacht war. Und die wilde Weise, die er spielte, und die Lieder, die er sang, waren jene *Fonnsheen*, die heute nur noch wenige hören; doch jene wissen, daß sie süßer sind als der Schmerz der Freude.

Die Elben haben jedoch keine Größe — Größe ist nur ein Traum von uns, der sich ihnen annähert und mit ihrer Stimmung größer oder kleiner wird.

Plötzlich hörte Cravetheen zu spielen auf, und auch der Grüne Harfner verstummte. Alle vom Volk des Hügelhangs standen still. Als ein Luftwirbel durch das Gras fuhr, wogten sie hin und her wie Riedgräser von dem kühlen Hauch an ihren Füßen.

Dann warf der Grüne Harfner seinen scharlachfarbenen Mantel und seine grüne Mütze beiseite, und sein Haar floß so weiß wie Mooswolle herab. Er zerriß die drei Saiten aus Sommerfäden und warf die Harfe aus Vogelbein fort. Dann zog er eine Rohrflöte aus seinem Gürtelband, das aus gehämmertem Gold gemacht war, setzte sie an die Lippen und begann zu spielen. Und was er spielte, war so überaus süß, daß Cravetheen in einen Traum glitt und dieselbe wilde Melodie spielte, ohne daß er selbst oder irgendein anderer sie gekannt hätte.

Dabei geschah es, daß die Seele des Kindes die Elbenmusik hörte und frei wurde. Es ist gewiß schwierig für den nackten und ungeschützten Geist, sich fortzustehlen aus seinem warmen Heim von Fleisch und Blut. Doch dem Spiel Cravetheens und des Grünen Harfners war nicht zu widerstehen, und so trat die Seele heraus und stand da mit großen erschrockenen Augen.

»Schrumpfe! Schrumpfe Schrumpfe!« riefen da alle die Wesen des stillen Volkes, und bei ihrem Ruf wurde der Menschengeist so klein, daß er eine Größe mit ihnen hatte. Dann schien es so, als würden zwei schimmernde weiße Blumen das Menschlein bei der Hand nehmen und es mit sich fortführen; und als sie davongingen, folgten die anderen nach und sangen ein frohes Lied, das seltsam und schwach an Cravetheens Ohren drang. Sie alle gingen in den Hügelhang hinein, nur der Grüne Harfner nicht, der noch eine Weile stehenblieb und so lange spielte und spielte und spielte, bis Cravetheen träumte, er wäre Alldai, der Gott der Götter, und die Sonne wäre seine Braut und der Mond seine Geliebte, und die Sterne wären

seine Kinder und die Freuden, die noch vor ihm lagen. Dann ging auch der Grüne Harfner davon.

Damit erwachte Cravetheen aus seiner Entrückung und rieb sich die Augen wie ein Mann, der plötzlich aus dem Schlaf aufgeschreckt wird.

Er schaute auf das Kind. Er wußte, daß es jetzt ein Wechselbalg sein würde. Doch als er nochmals hinschaute, sah er, daß es tot war.

Da rief er Gealcas, seine alte Mutter, und gab ihr den Körper.

»Bringe das zu Eilidh«, meinte er, »und sag ihr, daß dies das zweite Harfenspiel war und daß ich noch einmal spielen werde, bevor wir Brust an Brust liegen.«

Gealcas überbrachte diese Worte an Eilidh, die in ihrem Herzen Cravetheen verfluchte und sich über seine grausame Geduld lustig machte; die sich nach Cormac mit dem Goldhaar sehnte und sich nicht um all das kümmerte, was Cravetheen ihr noch auf der Harfe vorspielen mochte.

Im Monat der Weißen Blumen kehrte Cormac Conlingas zurück.

Er war in den südlichen Ländern, als ihn die Nachricht erreichte, daß sein Vater Concobar mac Nessa tot sei. Gewiß sollte er, und niemand sonst, *Ardrigh* nach Concobar werden — doch da war noch ein anderer, und möglicherweise würden ihm die Ultonier nicht die Königswürde verleihen, wenn er nicht schnell in Wort und Tat war.

So eilig hatte er es, daß er sein Pferd bestieg und von seinen Gefährten fortritt, ohne den berühmten

Speer »Pisarr« mit sich zu nehmen, der eine Schreckenswaffe in jedem Kampf war. Dies war jener feurig glühende Speer, der von dem Sohne des Turenn geschmiedet und von dem Gott Lu Lam-fáda aus Eireann gewonnen worden war. Im Kampf flog er hierhin und dorthin, wie ein lebendiges Wesen.

Er ritt von Mittag bis eine Stunde vor Sonnenuntergang. Dann sah er einen flachen grünen Hügel wie einen Fichtenzapfen aus dem Wald hervorwachsen, auf dessen Spitze die Mauern eines alten *Dûn* standen. Eine blaue Rauchsäule stieg daraus empor. Cormac wußte nun, wo er sich befand; denn erst vor kurzem noch hatte er eine Botschaft von Eilidh selbst erhalten.

Er zog die Zügel an und starrte eine Zeitlang dorthin. Er lächelte, doch rasch wurde es wieder düster in ihm, und seine Augen waren schwer vom Schatten dieser Traurigkeit.

Dann zog er »Blau-Grün« aus seiner Scheide und lauschte. Entlang der Klinge war ein Summen zu hören, wie von Mücken über einem Sumpf, doch da war kein Flüstern. Er lächelte wieder.

»Es soll wohl geschehen«, murmelte er. Dann lehnte er sich zurück und sang diese Rune an Eilidh:

Oimé, Oimé, Mädchen mit den weißen
Brüsten, Eilidh!
Mädchen mit dem goldbraunen Haar und
den Lippen so rot wie Vogelbeeren!
Oimé, o-ri, Oimé!

Wo ist der Schwan, der weißer und weicher
ist,

Oder die Woge der See, die sich bewegt so
wie du, Eilidh —
Oimé, a-rò, Oimé, a-rò!

Das Mark in meinen Knochen schmerzt
mich, Eilidh!
Das Blut in meinem Körper ist wie eine
bitterwilde Flut, Oimé!
O-ri, O-hion, O-ri, aròne!

Ist es dein Herz, das ruft und das ich höre,
Eilidh,
Oder der Wind im Wald oder die Brandung
der See, Eilidh,
Oder die Brandung der See?

Shule, shule agràh, shule agràh, shule
agràh, Shule!
Mein Herz, komm zu mir! Komm zu mir,
Eilidh, mein Herz!
Komm zu mir!

Laß den wilden Geier meinen Namen
nehmen, Cormac Conlingas,
Und damit an deinem Herzen reißen, das
einmal so heiß für ihn schlug,
Eilidh, Eilidh, o-ri, Eilidh, Eilidh!

Die letzten Worte dieses Liedes erklangen so laut und hell, wie die Stimme eines Kriegshornes, daß Eilidh sie hörte. Ihr Herz sprang wie damals, als sie das Kind von Cormac Conlingas in sich trug. Sie gebot der alten Mutter Cravetheens und allen anderen Bewohnern des *Dûn*, diesen nicht zu verlassen und nicht auf den *Grianân* zu blicken, ihren eige-

nen Ort, oder wen sie dorthin führen würde. Dann ging sie hinaus, Cormac zu begegnen, und war froh in dem Gedanken, daß Cravetheen weit fort auf der Jagd war und nicht vor dem dritten Tag zurückkehren würde.

Es war wie die Begegnung zweier Wogen, von denen sich eine jede in der anderen verlor. Dann, nachdem sie sich lange in die Augen geschaut hatten und ihre Lippen kaum Worte fanden, gingen sie Hand in Hand zum *Dûn*.

Und als sie dahingingen, ließ das Flüsternde Schwert einen Laut hören, wie der Wind durch das Gras fährt.

»Was ist das?« fragte Eilidh mit weitgeöffneten Augen.

»Es ist der Wind im Gras«, antwortete Cormac.

Und als sie den *Dûn* betraten, ließ das Flüsternde Schwert ein verworrenes Murmeln hören, wie der Wind zwischen schwankenden Fichten.

»Was ist das?« fragte Eilidh mit Furcht in den Augen.

»Es ist der Wind im Wald«, antwortete Cormac.

Doch als sie, nachdem er gegessen und getrunken hatte, hinauf in den *Grianân* stiegen und sich auf die Hirschfelle legten, war das Flüstern des Schwertes so laut wie die Brandung der See in einem wilden Sturm.

»Was ist das?« rief Eilidh mit einem Schluchzen in der Kehle.

»Es ist der Wind auf der See«, antwortete Cormac, und seine Stimme klang leise und heiser.

»Da ist keine See so weit wie drei Tagesmärsche«, flüsterte Eilidh und faltete die Hände.

Cormac aber sagte nichts. Und nun schwieg auch das Schwert.

Im Schein der Sterne kehrte Cravetheen zurück. Er spielte eines der *Fonnsheen*, die er kannte, als er im Mondlicht durch den Wald kam; denn auf der Jagd nach einem Hirsch hatte er einen großen Bogen geschlagen und war nun wieder nahe an Dûnchraig, seinen eigenen *Dûn*, herangekommen. Doch er hatte sein Pferd bei seinen Verwandten im Tal zurückgelassen und war zu Fuß durch den Wald gegangen.

Als er nahe bei den Felsen war, auf denen der *Dûn* erbaut war, blieb er stehen. Er sah den schwarzen Schatten eines lebenden Wesens.

»Wer ist da?« rief er.

»Ich bin es, Murtagh Làm-Rossa«. . . und damit trat langsam und zögernd ein Mann aus seinem *Dûn* hervor. Es war ein Mann, der Eilidh haßte, weil sie ihn einmal beschämt hatte.

Cravetheen sah ihn an.

»Ich warte«, sagte er.

Noch zögerte der Mann.

»Ich warte, Murtagh Làm-Rossa.«

»Es ist bitter, was ich zu sagen habe. Ich war unterwegs, es zu berichten.«

»Hat es mit Eilidh zu tun, die mein Weib ist?«

»Du hast es gesagt.«

»Sprich!«

»Sie schläft nicht allein in dem *Grianân*, und es ist niemand aus dem *Dûn*, der dort bei ihr ist.«

»Wer ist es?«

»Ein Mann.«

Cravetheen atmete tief. Seine Hand griff nach dem Wolfsmesser in seinem Gürtel.

»Welcher Mann?«

»Cormac mac Concobar, der Cormac Conlingas genannt wird.«

Wieder atmete Cravetheen tief, und Blut war auf seinen Lippen.

»Du weißt das sicher?«

»Ich weiß es.«

»Das ist etwas, was kein anderer Mann wissen sollte« — und damit ließ Cravetheen das Wolfsmesser im Mondschein aufblitzen und stieß es mit einem saugenden Laut in das Herz des Murtagh Làm-Rossa.

Stöhnend sank der Mann zu Boden. Seine weißen Hände zuckten in dem feinen Staub der Fichtennadeln; sein Gesicht glich einer grauen Woge.

»Das ist der sichere Weg des Schweigens«, sagte Cravetheen; und er ging weiter und hatte den Mann vergessen.

Im Schatten des *Dûn* stand er eine lange Weile in Gedanken versunken. Er wußte, daß er den *Grianân* nicht erreichen konnte. Bevor das geschah, erhoben sich vielleicht Schwerter und Speere für Eilidh; und wenn nicht, so war dort Cormac Conlingas — und nicht nur Cormac, sondern das Schwert »Blau-Grün« und der Speer »Pisarr«.

Doch dann fuhr ein Gedanke in seinen Sinn, wie ein Windstoß in eine Felsspalte.

Er steckte sein Schwert zurück und nahm erneut seine Harfe.

»Das ist das dritte Harfenspiel«, murmelte er und lächelte düster.

Dann stand er wieder an dem grünen Platz des stillen Volkes und spielte die *Fonnsheen*, bis man ihn hörte; und als der alte Harfner aus dem Elbenland gekommen war, spielte Cravetheen die Weise des Bittens.

»Was wünschst du, Cravetheen-mac-Rury?« fragte der Grüne Harfner.

»Die Weise des Zauberschlafs, Grüner Fürst des Hügels.«

»Gewiß, die sollst du haben« — und damit gab ihm der Grüne Harfner die magische Melodie, so daß sich kein Blatt mehr regte und kein Vogel rührte und selbst der Tau aufhörte zu fallen.

Dann nahm Cravetheen seine Harfe und spielte.

Die Hunde im *Dûn* standen auf, doch keiner heulte. Dann legten sie sich alle nieder, die Nase auf ihre ausgestreckten Pfoten gedrückt. Dreimal legten die Hengste hinter dem *Dûn* ihre Ohren an, doch sie wieherten nicht. Die Stuten wimmerten leise und standen dann mit gesenkten Köpfen schlafend da. Die bewaffneten Männer erwachten nicht, sondern schlummerten tief. Die Frauen träumten in die Dunkelheit hinein, wo es keinen Traum gibt. Die alte Mutter Cravetheens regte sich, summte schläfrig, neigte ihren grauen Kopf und war wieder in Tir-n'an-Òg, wo sie mit Rury mac Rury umherging, der sie geliebt hatte und vor langer, langer Zeit erschlagen worden war.

Nur Eilidh und Cormac Conlingas wachten. Süß klang jene wilde Harfenmusik in ihren Ohren.

»Es wird der Grüne Harfner selbst sein«, flüsterte Cormac, wie trunken von dem Schlaf, der auf ihm lag.

»Ich denke, es wird das Harfenspiel Cravetheens sein«, sagte Eilidh mit einem leisen Seufzer, doch als habe dies nichts für sie zu bedeuten. Aber Cormac hörte sie nicht, denn er schlief.

»Ich sehe neun Schatten die Mauer heraufspringen«, flüsterte Eilidh, während ihr Herz klopfte und ihre Glieder in Fesseln lagen.

»Komm zu mir, Eilidh, mein Herz, komm zu mir!« murmelte Cormac in seinem Traum.

»Ich sehe neun Hunde in den *Dûn* hineinspringen«, rief Eilidh, doch niemand hörte sie.

Cormac lächelte in seinem Schlaf.

»Ach, ich sehe neun rote Spukgestalten in den Raum eindringen«, schrie Eilidh, doch niemand hörte sie.

Cormac lächelte in seinem Schlaf.

Und da geschah es, daß die neun roten Flammen neunfach anwuchsen und der ganze *Dûn* von Flammen eingehüllt war.

Dies war das Werk von Cravetheen dem Harfner. Alle starben dort in den Flammen. Es war das Ende von Eilidh, die so schön war; die den Schmerz fortlachte und starb. Und Cormac Conlingas lächelte und murmelte, als die Flamme auf seine Brust sprang: *»O heißes Herz Eilidhs! Mein Herz — komm zu mir!«* und auch er starb.

Es gab keinen *Dûn* mehr und keine Menschen, keine Hengste und Stuten und keine bellenden Hunde, als Cravetheen zu spielen aufhörte — sondern nur Trümmer und Asche.

Bis zum Morgengrauen schaute er sich dies an. Dann erhob er sich und zerbrach seine Harfe. Nach Norden wandte er sich, den Ultoniern dies zu erzählen und seinen Tod zu sterben.

ÜBER DIE HÜGEL UND WEIT IN DIE FERNE

»Über die Hügel und weit in die Ferne« —
Das ist die Weise, die ich einmal hörte,
Als ich trunken von der Heide dalag und lauschte
Und dort hinblickte, wo verstohlen die Meeresflut
schimmerte.

Neben mir, dort auf den Hügeln von Ruel,
Beugte sich, Torf sammelnd, ein alter Mann nieder,
Und ich fragte ihn: wenn sein Sohn tot sei,
Was alle in Glendaruel sagten, wie könnte er dann
noch immer glauben,
Daß Duncan niemals den Schattenfluß überquert
habe?

Aus seiner Brust zog der alte Mann eine Laute,
Die einmal auf einem Vogelbeerbaum gewachsen
war;
Und er sprach kein Wort, sondern begann zu
spielen:
»Über die Hügel und weit in die Ferne . . .«

»Doch woher weißt du«, fragte ich später,
»Daß Duncan das Elbenlachen gehört hat?
Woher weißt du, daß er dem grausamen und
Honigsüßen Volk der Hügel von Ruel gefolgt ist?«

»Woher ich das weiß?« sagte der alte Mann.
»Für mich ist gewiß, daß mein Junge nicht tot ist;
Denn spät an dem Morgen, als sie ihn dort
vergruben,

Wo die schwarze Erde sein goldenes Haar benetzt,
Erblickte ich ihn auf dem nahen Moor,
Sah ihn dort unten am Hügelhang liegen
Und hörte ihn wild auflachen
Und reden und reden unter seinem Haar —
Denn sein langes Haar lag über seinem Gesicht,
Doch ich sah, daß es kalt und aschgrau war.

Ja, er lachte wild und redete wirr
Und wandte sich an einen Schatten im Gras —
Ein Schatten, der mir das Blut erstarren ließ,
Denn niemals habe ich etwas gleich ihm auf den
Hügeln gesehen.
Und der Mond ging auf, die Sterne wurden weiß
Und die Hügel schwarz in der Blüte der Nacht,
Und ich schaute so lange, bis der Todesstern in den
Mond versank
Und die Mondfrau mit ihren Fledermausschuhen
davongegangen war.
Dann erhob sich der Schatten, der dort am
Abhang des Moores lag
Und schüttelte sein wildsumpfiges Haar,
Und Duncan lachte nicht mehr, sondern ging grau,
Wie der verwaschene Dunst eines Regentages,
Über die Hügel und weit in die Ferne.«

»Über die Hügel und weit in die Ferne« —
Das ist die Weise, die ich einmal hörte.
O könnte ich doch auch das grausame und
Honigsüße Volk der Hügel von Ruel hören.

DIE HÜGEL VON RUEL

Eines Nachts saß ich mit Eilidh und Isla vor einem Feuer aus Fichtenscheiten, die auf Torf glühten, und lauschte darauf, wie der Schnee gegen die Mauern des Hauses raunte. Der Wind, der durch das Tal rief, der Aufruhr des Sturms auf dem Hügel, der überschwemmte Fluß erklangen hinter dem verworrenen Gemurmel des Schnees.

Eilidh sang mit leiser Stimme wie zu sich selbst, und Isla betrachtete sie. Ich konnte ihn nicht lange anblicken, denn aus meinem Herzen stiegen Tränen auf, deren Grund ich nicht kannte.

Nach einer Unterbrechung, wo jeder gesammelt dasaß und nach draußen lauschte, glitt Eilidhs liebliche und mitreißende Stimme durch das Schweigen:

»Über die Hügel und weit in die Ferne« —
Das ist die Weise, die ich einmal hörte.
O könnte ich doch auch das grausame und
Honigsüße Volk der Hügel von Ruel hören...«

Ich sah, wie ein Schatten in Islas Augen fiel. Da rührte sich etwas in mir, und ich sprach ihn an:

»Du, Isla, der du auf den Hügeln von Ruel geboren bist, müßtest gewiß etwas von dem honigsüßen Volk gesehen haben, wie es in Eilidhs Lied genannt wird.«

Er antwortete nicht sofort, und ich sah, wie Eilidh ihn verstohlen anblickte.

»Ich werde euch eine Geschichte erzählen«, sagte er schließlich.

Vor langer Zeit lebte einmal eine wunderschöne Frau mit Namen Etain, und sie wurde von einem Mann geliebt. Ich erinnere mich nicht an seinen Namen, denn diese Geschichte stammt aus fernen Zeiten; doch er war ein Prinz. Ich werde ihn Art nennen — vielleicht war es ein Sohn von jenem Art dem Einsamen, der die Lieder des Verborgenen Volkes hören und die Tänzer im Mondenlicht sehen konnte.

Dieser Art liebte Etain, und sie liebte ihn. Eines Tages nahm er sie mit zu seinem *Dûn*, und sie wurde sein Weib. Doch er liebte diese Frau allzusehr — und das war von Übel für einen wie Art, der ein Dichter und Träumer war. Sie hielt sein Leben in der Höhlung ihrer Hand. Trotzdem liebte sie ihn aufrichtig, wenn auch auf ihre Weise. Für ihn, der mit seiner Träumerei blind gegen seine Augen war, hätte alles gut sein können — ein Ding ausgenommen. Denn Art, der kein Feigling war, fürchtete eine Gefahr, und das war der Tod: nicht seinen eigenen Tod und nicht einmal den

Tod von Etain, sondern Tod. Er liebte Etain jenseits der engen Begrenzungen des Lebens, und vor jenem einfallenden Schatten stand er gebannt vor Entsetzen.

Eines Tages, als seine Sehnsucht stark auf ihm lastete, wanderte er allein auf die Hügel von Ruel. Dort begegnete ihm ein Mann, ein Fremder, anmutiger als alle Männer, die er je gesehen hatte, mit dunklen Traumaugen und einem schattenhaften Lächeln.

»Und nun«, sagte dieser, »und nun, Art der Träumer, möchtest du wohl wissen, auf welche Weise du Etain begegnen magst in jener Stunde, wenn der Schatten des Schattens auf dir ruht?«

»Da magst du wohl recht haben — obwohl ich dich weder kenne noch weiß, woher dir mein Name vertraut ist.«

»O, ich bin gewiß nur ein umherziehender Sänger. Doch jetzt, da wir uns getroffen haben, will ich dir ein Lied singen, Art mein Herr.«

Art blickte ihn stirnrunzelnd an. Die Worte dieses Mannes, der ihn »Herr« nannte, verrieten eine sorglose Hoheit.

Dann kam plötzlich ein Lied von den Lippen des Mannes, dessen Melodie von einer wunderbaren Schwerelosigkeit und verwunschenen Fremdartigkeit war; seine Worte waren jene, die Eilidh dort am Feuer gesungen hat.

Durch die Dämmerung des Schweigens, das jenes Lied in seinem Kopf auslöste, sah Art, wie der Fremde aus dem Rehfell, das um seine Schultern geschlungen war, eine Schalmei zog.

Als er darauf spielte, gerieten die Hügel von Ruel in Bewegung. Da war das ganze Grüne Volk und sang.

Art lauschte dem honigsüßen Lied und wurde schlaftrunken von der Freude und dem Frieden darin. Einer von ihnen sang vom unsterblichen Leben, und Art, mit dem Namen von Etain auf den Lippen, fiel in einen Schlaf.

Er war ein alter, sehr alter Mann, als er wieder erwachte. Das graue Haar, das an seinem Gesicht herabfloß, war feucht von vergessenen Tränen. Doch er wußte dies nicht, stand auf und rief: »Etain, Etain!«

Als er seinen *Dûn* erreichte, war dort keine Etain. Er setzte sich an erloschenen Aschefeuern nieder, wo der Wind durch einen Spalt hereinblies, und grübelte. In der Abenddämmerung trat ein alter Mann ein.

»Wo ist Etain?« fragte Art.

»Etain, das Weib von Midir?«

»Nein, Etain, das Weib von Art.«

Undeutlich sprach der Alte aus weit geöffnetem Mund: »Die ganzen Jahre über, seit meiner Jugend, ist Etain, das Weib von Art, Etain, das Weib von Midir, gewesen.«

»Und wer ist Midir?«

»Midir ist der König der Welt — der, wie man sagt, aus Frauenherzen Sand und aus Männerhoffnung Staub macht . . .«

»Und ich habe nichts als einen leeren Traum geträumt?« schrie Art, und in einem Schluchzen, das in ihm war, brach sein Herz.

»Ja, freilich, denn wenn du Art bist, so hast du einen langen Traum auf den Hügeln von Ruel geträumt.«

Doch als Art, der nun alt und schwach war, sich umwandte und zu dem honigsüßen Volk auf den Hügeln von Ruel zurückkehren wollte, damit er noch einmal seinen Traum träumen könnte, da hörte er das Lachen Midirs und starb.

»Das ist alles«, endete Isla unvermittelt. Er blickte weder Eilidh noch mich an und starrte in die Torfflammen.

Auch Eilidh lächelte in jener Nacht nicht mehr wie zu sich selbst und sang nicht mehr.

Ich hörte dich rufen,
  Dalua, Dalua!
Ich hörte dich auf dem Hügel,
Am stillen Wasser des Tümpels,
Wo der Kiebitz schreit:
  Dalua . . . Dalua . . . Dalua!

Was rufst du,
  Dalua, Dalua!
Wenn der Regen fällt,
Wenn der Nebel steigt,
Und die Schnepfe lockt:
  Dalua . . . Dalua . . . Dalua!

Ich bin ein Narr,
  Dalua, Dalua!
Wenn die Menschen mich hören,
Verdunkelt sich ihr Auge;
Aus dem Himmel fällt Schatten herab,
Und das Klageweib fleht:
  Dalua . . . Dalua . . . Dalua!

Dalua ist einer der Namen für ein geheimnisvolles Wesen aus der keltischen Mythologie: auch der *Amadan-Dhu* — der Finstere Narr oder der Wahnsinnige aus dem Elbenreich.

DALUA

Als Dan Macara eines Nachts über die Hänge des Hügels von Ben Breacan ging, erblickte er einen hochgewachsenen Mann, der auf dem Dudelsack spielte, und vor ihm eine große Schafherde. Es war eine Nacht aus fallendem Nebel, der zu einem dünnen, lautlosen Regen wird. Doch hinter dem trüben Schleier war der Regen wie ein Teich aus Licht, aus dem bleiche Flut hervorströmte; da wußte Macara, daß der Mond aufgegangen war und gegen die Wolkenfront antrat und den Regen vom Hügel vertreiben würde.

Selbst bei schwerem Regenfall, auf feuchtem Moos oder durchweichter Heide, ziehen Schafe nicht stumm dahin. Macara wunderte sich, ob es denn alles junge Widder wären, daß kein schreiendes Lamm oder blökendes Mutterschaf zu hören war. »Beim Schwarzen Stein von Iona«, murmelte er, »nicht einmal ein vom Lamm getrenntes Mutterschaf ist dabei.«

Es drang zwar ein schwaches, aufsteigendes und wieder abfallendes *Bäh* hoch oben aus der Dunkelheit des Hügelabhangs; doch dieser schwermütige Laut, wie das Klagen eines verirrten Kindes, war vermischt mit dem vielstimmigen Blätterrauschen von Eschen und Birken, mit Luftwirbeln, die durch das Heidekraut und zwischen die Farnwedel fuhren, mit dem unbestimmten Gemurmel von tröpfelndem Wasser. Nicht ein einziger klarer Laut glitt durch die Düsternis — nur die Stimme der Dunkelheit, wie sie inmitten von regenschweren Hügeln spricht.

Während er den Pfad entlangstolperte, der steinig und vom Regen ausgewaschen war, doch von den zähen Heidekrautbüschen zusammengehalten wurde, dachte er an den behaglichen Raum, den er im Bauernhaus von Pàdruig und Mary Macrae verlassen hatte — wo selbst die Schatten noch so warm waren und auch die heiße Milch und der Whisky so behaglich; und ebenso warm und behaglich waren die guten und freundlichen Worte von Pàdruig und Mary.

Er wischte sich den Regen von den feuchten Lippen und lächelte, als er sich an Marys Worte erinnerte: »Du da, so schlank und groß und für einen dunklen Macara gar nicht so übel anzuschauen . . . und doch ohne Frau an deiner Seite! . . . und dabei erst dreißig Jahre! . . . Ich würde mich gewiß schämen, so durch das Tal zu gehen, wo die Mädchen das wissen!« Doch gerade in diesem Augenblick vernahm er die gebrochenen Töne der *Feadan* oder des »Singers«, die von dem hochgewachsenen Manne kamen, der auf dem Dudelsack spielte und vor sich die große Schafherde trieb. Wie der Flug von Kiebitzen ging die Weise hierhin und dorthin.

»Was kümmern mich Dunkelheit und Regen, der Whisky und die guten Worte von Mhairi Bàn, wenn mein Kopf wie ein schwarzer Sumpf ist«, murmelte er, »und das Spiel jenes Mannes dort ist wie der Weg, den Stimmen im Sumpf nehmen.«

Dann hörte er die Melodie ohne die wilde Verwirrung in seinen Ohren. Schwach, aber klar drang sie zu ihm herüber. Sie ärgerte ihn, klang wie eine spottende Stimme — vielleicht deshalb, weil sie eine solche war, oder das alte Pfeiferlied *Oighean bhoidheach, slan leibh* (»Ihr hübschen Mädchen, ade«). »Wer mag das wohl sein?« fragte er sich verdrießlich. »Wenn es Peter Macandrew, Ardmores Schäfer ist, dann will ich ihm eine Weise im Wind spielen, die ihm nicht gefallen wird.«

Dann veränderte der hochgewachsene Mann plötzlich das Spiel seines Singers, und die feuchte Nacht war erfüllt von einer wildverlorenen, wunderschönen Melodie.

Dan Macara hatte ein solches Spiel noch niemals zuvor gehört, und er mochte es nicht. Als er noch ein Kind war, hatte er einmal seine Mutter zu Alan Dall, einem blinden Dudelsackpfeifer vom Catanach, sagen hören, er solle die Melodie abbrechen, die er gerade spielte, da sie Schluchzen und Tränen in sich trage. Er beschleunigte nun seine Schritte, weil er den Mann mit der Schafherde einholen wollte. Sein Spiel glich jenem von Alan Dall. Er wollte ihn auch fragen, wer er sei, wessen »Singerzauber« er besaß und wohin er — zudem auf dem Hügelweg — mit all diesen Schafen ging.

Doch er brauchte lange, sich ihm zu nähern. Schließlich rannte er, kam jedoch nicht näher heran.

»*Gu ma h-olc dhut* . . . Verwünscht sollst du sein!« rief er nach einer Weile zornig aus. »Geh deiner Wege, und möge die Nacht dich und deine Herde verschlingen.« Und damit drehte er sich um und folgte wieder dem Weg entlang des Bachufers.

Doch erneut spielte der hochgewachsene Mann mit der Schafherde eine andere Melodie. Macara hielt inne und lauschte. Lieblich war sie anzuhören. Wurde ein plötzlicher Zauber auf ihn gelegt? Hatte nicht der Regen unvermittelt, wie ein angehaltener Atemzug, aufgehört? Verwirrt blickte er um sich: Gewiß doch, es regnete nicht mehr, Mondlicht lag auf dem Farn und auf einer weißen Birke, die einsam in jenem weißlich-grünen Ödland stand. Ihre Reiser waren wie ein Regen aus bleich schimmerndem Gold. An einem ihrer höchsten Zweige glitt ein Vogel entlang; er war blau, seine Brust wie eine weiße Schwertlilie, seine Flügel wie wilde Zaunrosen. Macara konnte seine Augen wie zwei kleine funkelnde Flammen aufleuchten sehen. Sein Sang war langsam und gebrochen, wie Wasser in einem steinigen Flußbett. Mit jeder Note rannen die Jahre der Zeit lachend durch frühe Wälder, das Alter seufzte über die Welt und versank in der Erde, das Meer stöhnte unter der Last aller Klagen und Tränen. Die Sterne bewegten sich in freudigem Rhythmus; ein Spielmann saß mitten unter ihnen und spielte, der Mond war sein Fußschemel und die Sonne ein flammendes Juwel auf seiner Stirn. Das Lied hieß Jugend.

Dan Macara stand still. Träume und Visionen eilten an ihm vorbei, lachend und funkelnd wie Sterne.

Zitternd schloß er seine Augen. Als er sie wieder öffnete, sah er keinen Vogel mehr. Der graue Schleier des Regens fiel durch die Dunkelheit herab. Der kalte, grüne Geruch der Sumpfmyrte erfüllte die Nacht.

Doch jetzt war er nahe an den Schäfer herangekommen. Wo hatte er diese Melodie nur schon gehört? Gewiß war es eines von jenen alten Liedern; ja, es war *A Choill teach Urair* (»Die grüne Waldung«), doch niemals hatte er es in dieser Weise spielen hören.

Der Mann blickte sich nicht um, als Dan Macara näherkam. Die Pfeifen waren von schattenhaftem Dunkel, lange, schwarze Bänder wehten von ihnen herab. Der Mann trug die Kappe der Hochländer mit einer schwarzen Feder.

Als der Regen aufhörte, trat das feuchte Mondlicht verschwommen hervor. Dan blickte über die Schulter des Mannes auf die lange, verstreut umherziehende Schafherde.

Da sah er, daß es nur eine Schar von Schatten war.

Sie zeigten alle Formen und Größen: Macara erkannte, ohne daß er wußte woher, daß es die Schatten von allem waren, was der Schäfer auf seiner Tageswanderung gefunden hatte — von den Schatten der hohen Fichten bis zu den Schatten der Gänseblümchen, von den Schatten des Hornviehs bis zu den Schatten von Rehkitzen und Feldmäusen, vom Schatten einer Frau an einem Brunnen bis zu dem einer Heckenrose, die sich entlang des Weges rankte, vom Schatten eines toten Mannes in einer Bergschlucht und eines Knaben, der auf einem Schilfrohr mit drei Öffnungen spielte, den Schatten fliegender Vögel und ziehender Wolken, den schweren und unförmigen Schatten von Steinen bis hin — das erblickte er mit plötzlichem Erschaudern — zu dem Schatten von Dan Macara selbst, der eitel geschmückt war mit dem gefiederten Farnkraut von dem Ort, wo er ihn vor einer Stunde in der Finsternis verloren hatte, als er zuerst in der Ferne das gebrochene Lied des Dudelsacks hörte.

Erfüllt von einem Zorn, der stärker war als sein Erschrecken, rannte Dan Macara vorwärts und wollte den Mann an der Schulter packen. Doch krachend schlug er gegen eine hohe Granitplatte, deren mit Flechten bewachsene Seiten feucht und schlüpfrig vom Nebel in den Hügeln waren. Als er stürzte, schlug er mit dem Kopf auf und schrie. Bevor sich die Stille und Finsternis wie zwei Wogen über ihm schlossen, hörte er Daluas spöttisches Gelächter weit oben in den Hügeln und sah, wie ein großer Schnepfenschwarm dort aufflog, wo die Schatten gewesen waren.

Als er erwachte, hatte sich der Nebel vom Hügel zurückgezogen. Das Mondlicht verwandelte die Regentropfen auf dem Farn in unzählige kleine Lichtquellen.

Die ganze Nacht über wanderte er umher und suchte die Schnepfe, die sein Schatten war.

Bei Tagesanbruch legte er sich nieder. Schlaf senkte sich auf ihn, sanft und still wie das Brustgefieder eines Muttervogels. Sein Kopf ruhte in einem Grasbüschel. Über ihm hing ein feuchter Stern, eine weiße und schweigende Einsamkeit.

Dalua stand neben ihm, in finsteres Brüten versunken. Er war jetzt kein Schäfer mehr; wolkig-schwarzes Haar hatte er, wie die schwachen Schatten von Zweigen im Zwielicht, und wilde Augen, die so dunkel wie die schwarzbraunen Seen in der Heide waren.

Er blickte zu dem Stern und lächelte düster. Da bewegte sich dieser gegen die Dämmerung und verblaßte. Er war verschwunden. Der Mann lag allein.

Der Morgen dämmerte heran. Viele Schatten regten sich. Dalua ergriff einen — es war der Schatten eines Schilfrohrs. Er führte ihn an den Mund und spielte darauf.

Über ihnen, in der grauenden Ödnis, zog ein Vogel hier und dort seine Kreise. Dann flog die Schnepfe herab und stand zitternd da; ihre Augen waren ebenso wild wie jene Daluas. Er blickte sie an und machte sie durch sein Spiel zu einem Schatten. Dann schaute er auf den schlafenden Mann und ließ den Schatten durch sein Spiel in dessen ruhenden Geist gelangen.

»Da hast du deinen Schatten«, sagte er und berührte Dan.

Ein Schauer durchlief Macara bei dieser Berührung. Dann erwachte er mit einem Lachen. Er sah, wie das erste Morgenlicht an den Wipfeln der Fichten am Osthang des Ben Breacan entlangglitt.

Er erhob sich, warf seinen Hirtenstab fort. Dann stieß er drei Rufe mit dem klagenden Schrei der Schnepfe aus und schlenderte ziellos auf dem Weg zurück, den er gekommen war.

Ich sah ihn viele Jahre danach.

»Wie ist dieser Wahnsinn über ihn gekommen?« fragte ich, denn ich hatte ihn als stark und selbstbewußt in Erinnerung.

»Der *Amadan-Dhu* hat ihn berührt. Niemand weiß mehr als das, doch es ist die Wahrheit.«

Er haßte oder fürchtete nichts — mit Ausnahme von Schatten. Diese beunruhigten ihn, ob am Herdfeuer oder an den weiten, einsamen Hochmooren. Er war still, liebte rinnendes Wasser und den Wind in den Hügeln. Manchmal aber versetzte ihn der Klageruf der Schnepfen in höchste Erregung.

Ich fragte ihn einmal, warum er so traurig sei. »Ich habe gehört«, sagte er . . . und starrte mich dann unschlüssig an. Plötzlich fügte er noch hinzu, so als würde er sich an Worte erinnern, die von einem anderen gesprochen wurden: »Ich höre immer die drei allerältesten Rufe — den Schrei der Schnepfe und den Wind und das Seufzen der See.«

Er blieb für immer von Sinnen und liebte es, in den Hügeln umherzuwandern. Kein Kind fürchtete sich vor ihm. In seinem Gesicht stand eine verlorene Liebe geschrieben. Nachts, wenn er über die seufzenden Moore oder auf dem engen Talweg wanderte, waren seine Augen wie Sterne in einem Teich, doch von einem zarteren Licht erfüllt.

DIE HERREN DES SCHATTENS

Dort, wo das Wasser flüstert, unter den schattigen
  Ebereschen,
Habe ich das Verborgene Volk wie das Summen
  von schwärmenden Bienen gehört,
Und als der Mond aufgegangen war und der braune
  Bach dunkel glitzerte,
Habe ich das Grüne Heer in lachender Unordnung
  vorüberziehen sehen.

Gewiß hat Dalua eine jähe magische Weise gespielt
Oder meine Augen mit dem mystischen Tau
  versiegelt:
Denn die mächtigen Herren des Schattens,
  welche die Tiefen der Nacht durchschreiten,
Sind kein schwaches und kleines Volk,
  das sich in Furcht vor dem Anblick des Menschen
  bewegt.

Gewiß hat Dalua leise gelacht, der Narr aus dem
  Elbenreich,
Als er mich mit seinen wildbrennenden Augen
  unter den schattigen Vogelbeeren am Wasser
  erblickte;
Seine Berührung kann die Akkorde des Lebens
  zu einer bitter verworrenen Melodie machen:
Das Falsche glänzt wie das Echte, das Echte wie das
  Falsche unter seiner Mondscheinrune.

Das Gelächter des Verborgenen Heeres ist
  schrecklich anzuhören.
Die Hunde des Todes würden mich beim Heben
  eines Speeres verfolgen —
Vielleicht hat Dalua für mich das Summen von
  schwärmenden Bienen bewirkt
Und meine Augen mit Tau unter den schattigen
  Ebereschen versiegelt.

DER SINGENDE WEISSDORNBUSCH

Fergus Dhu war als kleiner Pachtbauer nicht vom Schicksal begünstigt im harten Leben des Hochlandes und hatte zudem Unglück in der Liebe. Wenn schlechte Jahreszeiten auf dem Rücken des schwarzen Windes daherkommen, so geht ein Sprichwort, verändert sich der Rauch der Kate von Blau zu Braun; und schlechte Jahreszeiten waren in rascher Folge nach Strath gekommen, und ein jeder unter dem verstreuten Clansvolk hatte darunter zu leiden gehabt — doch keiner so wie Fergus Dhu, der seine Schafe, seine Ernten und die Jugend aus einem Herzen verloren hatte.

Eines Tages ging er müßig über das sumpfige Moorland unterhalb von Cnoc Glas, wo die weißen Büschel der Mooswolle zwischen der dunklen Heide wie verwehter Schaum der See waren. Ein einsamer Busch wuchs dort in jener öden Wildnis — ein Weißdorn, der an einem längst vergessenen Beltane-Fest zu einer Grauen Frau verdorrt war und nun als Elbendorn, als Singender Busch oder Busch der Bösen Melodie galt. An manchen Winterabenden am Torffeuer wurden Geschichten davon erzählt, was an jenem Ort gesehen oder gehört worden war; und sie alle stimmten darin überein, daß sich nur einer, der von Glück und Schicksal begünstigt sei, dort in Gefahr befinde, während der Unglücksrabe und Pechvogel jenen Weg gehen und unangefochten die große Graue Frau erblicken und die schwache Musik hören könnte.

Wahrscheinlich geschah es deshalb, daß Fergus — den man Fergus Dhu nannte wegen seines schwarzes Haares und seiner schwarzen Augen und der dunklen Stunden, in die er so oft hineingestürzt war — an jenem Tag entlang der aufgeweichten, von Farn überwachsenen Schafweiden wanderte. Als er an den Weißdorn gelangte, sah er keine Graue Frau, vielleicht, weil in seinem träumenden Sinn nur Raum für eine einzige Frau war, die ihm niemals vertraut, sondern immer nur eine freundliche Fremde sein würde; und er hörte auch keine schwache Weise, ob fröhlich oder wild — vielleicht, weil das traurige Auf und Ab in seinem Herzen ein den ganzen Tag über anhaltender Laut war, der seine Ohren taub machte.

Doch während er noch in das verdorrte Dornengewächs hineinstarrte, sah er einen kurzen Stamm, an dem kleine grüne Blätter ausschlugen. Er mochte zuerst nicht glauben, was seine Augen ihm zeigten, doch als er auch noch weiße und rosafarbene Blüten sah, die zwischen den Blättern kamen und gingen und wie Schnee herabfielen, und als er die plötzliche Süße in der Luft um sich herum bemerkte, da glaubte er. Er trat näher heran, und sein Staunen wuchs noch, als er sah, daß der Stamm sieben Löcher hatte. Als er seine Hand daran legte, löste sich dieser und fiel ihm entgegen. Das Weißdornrohr hatte an jedem Ende ein Loch und war wie jede andere *Feadan*. So setzte er es an die Lippen und ließ seine damit vertrauten Finger über die Löcher laufen, denn Fergus Dhu war der geschickteste Flötenspieler in ganz Strath. Er spielte, bis sich der Weißdorn völlig in eine Woge aus Grün verwandelt hatte; und dann spielte er, bis ein weißer Blütenschnee dieses ganze grüne Meer bedeckte. Obwohl es ein nasser Novembertag war und der Bergwind ächzend in die Felsschluchten hineinfuhr, war es bei dem Weißdorn wie an einem Mittag in der Maisonne. Fergus blickte auf den Himmel und sah, daß er blau war; er blickte auf das sich weit ausdehnende Moor und sah, daß es mit dem Gelb des April und einem Schimmer wie von kleinen Vogelflügeln überzogen war. Er blickte auf die grauen Hügel im Osten, und sie waren rosigrot, und ein Stern stand darüber; er blickte auf die grauen Hügel im Westen, und sie waren so blau wie Torffeuer, und ein Regenbogen neigte sich über ihnen. Da füllte sich sein Herz mit Freude, und er sagte zu sich selbst: »Ich habe meine Sehnsucht gefunden.« Und als er seine Freude in seinem Spiel ausdrückte, da neigte sich der Regenbogen von den grauen Hügeln im Westen fort und nahm ihre Traurigkeit an und verschwand. Der Stern versank hinter den grauen Hügeln im Osten. Das sich weit ausdehnende Moor verblaßte in sein altes Schweigen, und der weiße Schaum und die grüne Woge zogen sich wie bei Ebbe aus dem Dornenbusch zurück. Als Fergus seine Rohrflöte betrachtete, war sie nur noch eine schwarze regendurchnäßte *Feadan*.

In dieser Stunde muß Fergus »fortgegangen« sein. Monate und Jahre verstrichen, ohne daß ihn jemand wiedersah. Nur seine Mütze wurde nahe bei dem verdorrten Weißdorn gefunden.

Im siebenten Jahr danach geschah etwas Seltsames. Neues Leben regte sich in dem Weißdornbusch. Tausend kleine grüne Knospen schüttelten zitternde Blättchen hervor, und daraus wuchsen unaufhörlich weiße Blütenfalter. In den Zweigen sangen die Vögel.

Eines Tages kam Fergus Dhu auf jenem Weg entlanggeschlendert. Er hatte keine Erinnerung an die Jahre, die vergangen waren oder mit wem er diese verbracht hatte, und der süße schicksalhafte Ton war aus seinen Ohren verschwunden. Als er jedoch den Weißdorn erblickte, erinnerte er sich an seine *Feadan*, zog sie aus seinen Mantelfalten hervor und spielte aus seiner großen Freude heraus. Doch Tränen strömten aus seinen Augen, als er sah, wie der graue Regen herabfiel und das junge Leben des Weißdorns auslöschte, so daß er wieder alt und verdorrt war; und der nasse Bergwind stieß aufs neue seinen alten trauernden Schrei aus und kreiste wie ein müder Habicht über dem fernen Klagen der Schafe.

»Warum nur ist das so?« fragte sich Fergus. »Als ich diesen einsamen Platz in seinem Kummer sah, verwandelte ich ihn durch mein Spiel in Freude. Und nun habe ich ihm durch mein Spiel seinen alten Kummer zurückgegeben . . .«

Ein Mann aus Strath hat Fergus Dhu an jenem Tag gesehen, und er sprach von ihm als einem dünnen verwelkten Blatt, durch welches man hindurchsehen kann, wenn es im Winde hängt. Gewiß hat kein anderer ihn seitdem wiedergesehen.

DAS GRÜNE LEBEN

Als Cathal mac Art, der Cathal Gille-Muire, der Diener Marias genannt wurde, in einer Nacht der Nächte im grünen Mai an der See umherging, war Unruhe in seinem Herzen. Er hatte Iona noch nicht lange verlassen. Der heilige Columba hatte ihn nach der Insel Arran gesandt und ihm ein Schreiben für den heiligen Molios mitgegeben, der in einer Meereshöhle auf der kleinen Insel der Kuppe lebte, die in der östlichen Bucht am Südende von Arran liegt. Es war für ihn traurig, die schöne Insel im Westen zu verlassen, denn er hatte dort frohe Jahre verlebt — seitdem er auf einer der fernen Inseln des Nordens gesehen hatte, wie sein Vater von einem Krieger aus Lochlin erschlagen und seine Mutter in einer Galeere fortgeführt wurde, die von wilden, flachshaarigen Männern gerudert wurde. Er hatte keinen Verwandten außer dem alten Priester Cathal Gille-Chriosd, der ein Bruder seines Vaters war.

Auf Iona hatte er den Weg Christi erlernt. Er hatte ein weißes Gewand angezogen und konnte, mit einem kleinen abgeschabten Stab und einem Quast aus Seehundfell oder dem Federkiel einer Wildgans, heilige Worte auf eine ausgespannte Lammhaut oder auf Pergament schreiben und die großen Anfangsbuchstaben mit Erdbraun und Himmelblau, mit leuchtendem Grün, dem scharlachfarbenen Rot des Blutes und dem Gold des sonnenwarmen Sandes ausmalen. Er konnte auch die langen heiligen Hymnen singen, die Columba so liebte, und von allen Stimmen klang seine am schönsten und klarsten auf der ganzen Insel. Als er neunzehn Jahre alt war, wollte ihn ein fränkischer Prinz, der für den Segen des Heiligen nach Iona gekommen war, in die südlichen Länder mitnehmen. Er hatte ihm viele Versprechungen wegen seiner Stimme gemacht, und an den heißen, schläfrigen Nachmittagen des folgenden Monats träumte Cathal oft von dem langen silbernen Schwert, mit dem er so gut treffen würde; und von dem Geld, das ihm gehören würde, um sich Kleider davon zu kaufen und einen großen schwarzen Hengst mit goldenem Zaumzeug und ein Bett aus Daunen; und von weißen Händen und weißen Brüsten und dem weißen Lied der Jugend.

Er war nicht mit dem fränkischen Prinzen gegangen und hatte auch nicht den Wunsch danach gehabt; doch oft träumte er davon. An einem solchen Tag des Traumes lag er auf dem Rücken in dem heißen Gras einer Düne, nahe bei den Zellen der Mönche. Die Sonnenglut tauchte die Insel in einen goldenen Dunst. Die Meeresenge lag in schimmerndem Glanz, und die kleinen blauen Wellen schienen auf dem weichen

Sand glitzernde Funken zu versprühen und sie in regenbogenfarbene Schaumblasen zu verwandeln. Cathal hatte ein Lied gedichtet, und dadurch war sein Kummer schwächer geworden. Als er nun dort lag und sich bald an die Worte des fränkischen Prinzen und bald an die noch seltsameren Worte des alten heidnischen Heloten Neis erinnerte, der mit ihm aus dem Norden gekommen war, spürte er, wie Feuer in seinen Adern glühte, und sang:

Wo im Norden oder im Süden oder sonst im
  Reich der Sonne
Ist sie mit den blumenweißen Händen?
Ob sie im Westen oder Osten, im Norden
  oder Süden ist,
Mein Schwert blitzt, und mein Roß eilt zu
  Honigmund.
Sie hat große Augen wie ein Reh, sie ist süß
  und warm —
Küsse mich, Honigmund, und komm zu mir!

Dort, wo sie unter stolzen Fürsten lebt,
  heißt sie Weißhand.
Wie ein Schwan gleitet die Weißhand durch
  ihr dunkles Haar;
Die Weißhand legt sich auf mein Herz, wo
  ein heißes Feuer aufflammt;
Die Weißhand nimmt mir mein Herz, denn
  sie gibt Leben oder Tod.

Die Weißhand spielt süße Lieder, die
  schöner als alle Hymnen sind —
Ein Schwert für mich, Honigmund, und ein
  schnelles Roß!

Ihr wilden und frohen Augen, du süßer und
warmer Mund,
Küsse mich, Honigmund, und komm zu mir!

Als er geendet hatte, sah er, daß auf den hellen Sand der Düne ein Schatten fiel. Er schaute auf und erblickte Columba.

»Wer hat dich dieses Lied gelehrt?« fragte der weißgekleidete Heilige mit harter Stimme.

»Niemand, Columba.«

»Dann muß tatsächlich der Böse hier auf der Insel sein. Cathal, ich habe dir versprochen, daß du bald einen heiligen Namen tragen wirst, doch diesen will ich dir jetzt nicht geben. Du mußt zu mir kommen in Sack und Asche, mit Kummer und tiefem Schmerz in deinem Herzen. Nur dann werde ich dich vor den anderen Brüdern segnen und Cathal Gille-Muire, den Diener Marias, nennen.«

Ein bitteres Warten war es für ihn, in dessen Blut ein Feuer brannte und der dort Frost weben sollte und Schweigen legen auf das hochwogende Lied in seinem Herzen. Doch am Ende der Woche war Cathal wieder ein heiliger Mönch und sang die Hymnen, die Columba ihn gelehrt hatte.

Am Abend des Tages, als ihn der Weiße vor den Brüdern gesegnet und Gille-Muire genannt hatte, lief er allein umher, grübelte über das Übel der Frauen und betete zu Maria, ihn vor den Sünden zu bewahren, die er doch kaum kannte. Auf dem Rückweg zu seiner Zelle ging er an dem alten Heloten Neis vorüber, der spöttisch zu ihm sagte:

»Es ist etwas Gutes, dieses Leiden, Cathal mac Art — und doch wärest du jetzt nicht hier ohne die heiße

Liebe, die dein erschlagener Vater für die Frau mit dem Namen 'Schaum' hatte, die deine Mutter war, und du könntest nicht deinen Gott preisen oder dem Weibe dienen, daß der Ober-Druide die Mutter Gottes nennt.«

Cathal befahl ihm zu schweigen, doch die Worte brannten. In der Nacht erwachte er in seiner Zelle und hatte seine eigenen Worte auf den Lippen:

Die Weißhand spielt süße Lieder, die
schöner als alle Hymnen sind —
Ein Schwert für mich, Honigmund, und ein
schnelles Roß!

Am Morgen ging er zu Columba und sagte ihm, daß der Böse ihm keinen Frieden lasse. In der folgenden Nacht gebot ihm der Heilige, sich bereitzumachen und ostwärts nach Arran zu gehen; dies war damals die einzige Insel, wo die weißen Kutten der Kuldeer von den Pikten geduldet wurden. Er sollte zu dem heiligen Molios gehen, der in einer Meereshöhle auf der Insel der Kuppe lebte, die von den Leuten wegen der Predigten und Wunder des Molios die Heilige Insel genannt wurde.

»Er ist ein weiser Mann«, sagte sich Columba, »und er ist früher ein Heide gewesen und ein Fürst der Pikten dazu. Er kennt die süße Verlockung der Sünde und wird Cathal fernhalten von den Schlingen, die ihm gelegt werden. Über Fasten und Arbeiten bei Tag und Erschöpfung bei Nacht wird der Jüngling die Lieder vergessen, die ihm der Böse selbst eingegeben hat, und fromme Hymnen singen. Cathal Gille-Muire wird ein heiliger Mann sein, während er noch jung ist, und er wird in seinem Körper ein Märtyrer sein bei

Tag und bei Nacht, bis die Heiden ihn wegen seines Glaubens erschlagen werden.«

So wurde Cathal nach Osten zu den wilden Pikten gesandt. Freudig diente er Molios, gab ihm vier Monate lang alles, was er zu geben hatte. Doch als der Mai kam und mit ihm goldenes Wetter, wurde Cathals Blut warm. Manchmal träumte er sogar wieder von dem fränkischen Prinzen und seinen Versprechungen.

Dann kam ein Tag der Tage. Molios und Cathal waren zu dem Berg-*Dûn* gegangen, wo der piktische Häuptling lebte, und hatten diesen und mit ihm alle Bewohner des *Dûn* und auch der davorliegenden Ansiedlung bekehrt. An jenem Abend traf die Tochter des Häuptlings an einem einsamen Ort unter grünen Fichten auf Cathal.

Sie war sehr schön. Ihre Augen erinnerten an die See an einem wolkenlosen Mittag, und ihr Haar war wie westwärts sich neigender Weizen.

»Wie heißt du, junger Druide?« fragte sie ihn. »Ich bin Ardanna, die Tochter Ectas.«

»Du bist sehr schön, Ardanna. Ich bin Cathal, der Sohn des Art, Sohn Aodhs, von den Inseln der See. Doch ich bin kein Druide, sondern ein Priester Christi, ein Sohn Gottes und ein Diener Marias.«

Ardanna schaute ihn an, so daß er errötete. In seinen Augen flammte dasselbe Licht auf wie damals, als ihm der fränkische Prinz von den Freuden der Welt erzählt hatte.

»Ist es wahr, Cathal, daß die Druiden . . . daß die Priester Christi und der beiden anderen Götter, die Männer in den weißen Kutten, die wir Kuldeer nennen, nichts mit Frauen zu tun haben wollen?«

Cathal sah nicht mehr das Mädchen an, sondern auf den Boden zu seinen Füßen.

»Es ist wahr, Ardanna.«

Sie lachte. Es war ein leises, süßes, spöttisches Lachen, das Cathal durchlief wie Wolkenglut über den Himmel. Sein Klang schien ihm etwas zeigen zu wollen, was er noch nicht kannte.

»Ist es auch wahr, daß ihr heiligen Männer die Frauen als Fallstricke von Gefahr und Übel anseht?«

»Es ist wahr, Ardanna, doch es gilt nicht für die Schwestern Christi, deren Augen auf die Dinge des Himmels gerichtet sind.«

»Wie aber steht es mit Frauen, die einfach nur schön sind, schön anzuschauen und zu umwerben und zu lieben?«

Cathal errötete wieder. Seine Augen waren noch immer auf den Boden gerichtet. Er antwortete nicht.

Ardanna lachte leise auf.

»Geschieht es niemals, daß du dich nach Liebe sehnst?«

»Es gibt nur eine Liebe für uns, die wir das Gelübde der Keuschheit auf uns genommen haben.«

»Was ist Keuschheit?«

Cathal schaute Ardanna an. Rein blickten ihre dunklen Augen auf ihn, doch um ihren Mund spielte ein Lächeln. Er seufzte.

»Es ist die Helligkeit des Körpers, Ardanna.«

»Das verstehe ich nicht, armer Cathal«, sagte sie einfach.

»Warum nennst du mich so?«

»Weil du so jung und stark und schön bist und doch kein Mann und kein Krieger und weder das Schwert noch die Jagd noch die Harfe noch die Frauen liebst.«

Cathal wurde unruhig. Immer wieder sah er das Mädchen an. Ihr schönes Gesicht war ebenso wundersam blaß, wie er den Mond gesehen hatte, und von dem Feuer in ihren Augen hatte er geträumt.

»Ich liebe«, sagte er.

Sie trat näher an ihn heran, neigte sich ein wenig vor und sah ihn genau an.

»Es ist gut, dich anzuschauen, Cathal«, sagte sie. »Ich habe noch keinen schöneren Jüngling gesehen.«

Der Mönch wurde flammend rot. Dies also war die Teufelszunge, vor der ihn Columba gewarnt hatte — doch süß wie eine Harfe klang die leise Stimme. Wieviel schöner war doch ein wacher Traum als ein Traum im Schlaf.

»Ich liebe«, wiederholte er dumpf.

»Cathal! Bist du etwa aus kaltem Seewasser gemacht — denn selbst das rinnende Wasser in den Flüssen wird von der Sonne erwärmt? Sag mir, würdest du Molios, den Kuldeer, verlassen, wenn . . .?«

Der Mönch hob ihr seine jäh aufleuchtenden Augen entgegen.

»Wenn was . . . geschieht, Ardanna?« fragte er schroff.

»Wenn ich dich liebte, Cathal? Wenn ich, die Tochter des Häuptlings Ecta, dich liebte und zum Manne nähme, und wenn du mich liebtest und zur Frau nähmest, wärest du dann zufrieden?«

Er starrte sie an wie ein Träumer. Dann fiel plötzlich all der närrische Unsinn von ihm ab, den Columba und Molios auf ihn gelegt hatten. Was wußten sie schon, diese alten Männer, deren Blut so kalt wie Eis war? Er hob seine Arme in die freie Luft und lächelte. Ardanna sah eine Glut in seinen Augen, die in ihrem

Herzen sang und in ihren Ohren brauste, die ihre Augen blendete und ihr das Gefühl gab, aus einer großen Höhe herabgefallen zu sein und immer noch weiter zu fallen.

Er lachte.

»Die Greise haben einen Zauber auf mich gelegt. Ich bin nicht mehr Cathal Gille-Muire, sondern Cathal mac Art. Ja, ich bin Cathal Gille-Ardanna.«

Er pflückte den Zweig eines Vogelbeerbaums, der in der Nähe wuchs, streifte die Blätter davon ab und warf sie nach Norden, Süden, Osten und Westen.

»Warum tust du das, Cathal-Aluinn?« fragte Ardanna und sah ihn an mit Augen der Liebe.

»Das sind all die Hymnen, die Columba mich lehrte. Ich kenne sie nicht mehr. Ich gebe sie ihm zurück. Es sind müßige Lieder.«

Dann zerbrach er den Zweig, warf die Stücke auf den Boden und trat darauf.

»Warum tust du das, Cathal-Aluinn?« fragte Ardanna mit Augen, die ihn heimriefen.

»Das ist all die Weisheit, die Columba mich lehrte. In Wahrheit ist Neis, der alte Helot, weise gewesen. Es sind nichtige Lehren.«

»Aber, Cathal . . . gerade an diesem Tag der Tage ist Ecta, mein Vater, ein Mann des Christusglaubens geworden und mit ihm alle anderen. Er wird jetzt tun, was Molios von ihm fordert — und Molios wird deinen Tod fordern.«

»Tod ist ein Traum.«

Er beugte sich vor und küßte sie zweimal. »Ein Kuß für das Leben«, sagte er, »und ein Kuß für den Tod.«

Sie gingen in das mattgrüne Dunkel der Bäume hinein. Der Mond ging langsam auf, eine Kugel aus blaßgoldenem Feuer, die unaufhörlich ein weißes Licht über die erstarrten Wogen des Waldes goß. Selbst der Wind schwieg. Stern um Stern trat hervor.

»Was ist das für ein Laut?« fragte Ardanna.

»Ich weiß nicht«, sagte der Jüngling, denn in ihm war ein Lied, das seine Ohren füllte.

»So höre doch!«

Cathal lauschte, doch er hörte nichts. Seine Augen versanken wieder träumend in der Stille.

»Was ist das für ein Laut?« flüsterte sie noch einmal. »Er kommt nicht von der See und auch nicht aus den Wäldern.«

»Es ist die Klage des Himmels«, antwortet er müde. *»An acain Pharais.«*

Sie wurden dort im Dämmerlicht des Morgengrauens gefunden. Ecta betrachtete sie lange; dann blickte er Molios an. Tränen waren im Herzen des heiligen Mannes, doch in seinen Augen lag tiefer Zorn.

»Bindet ihn!« befahl Ecta.

Cathal erwachte erst vom Druck der Riemen. Sein Blick fiel auf Molios. Er machte kein Zeichen und sprach kein Wort, doch er lächelte.

»Was soll mit ihnen geschehen?« fragte Ecta.

»Führt das Weib fort. Macht mit ihr, was ihr wollt. Es wäre gut, sie zu töten.«

»Sie ist meine Tochter.«

»Dann schone sie, wenn du willst, aber laß sie fortführen. Gib sie einem anderen Mann. Diesen Abtrünnigen hier soll sie niemals wiedersehen.«

Zwei Männer brachten Ardanna fort. Sie warf einen Blick auf Cathal, der sie anlächelte. Keine Tränen waren in ihren Augen, sondern ein stolzes Feuer, und sie ging ungefesselt, da sie sich von keinem berühren ließ.

Als sie fort war, sagte Molios:

»Cathal, der einmal Cathal Gille-Muire genannt wurde, warum hast du das getan?«

»Weil ich leerer Wahnbilder müde war und jung bin, weil Ardanna schön ist und wir liebten.«

»Solche Liebe ist Tod . . .«

»So sei es, Molios. Solcher Tod ist süß wie Liebe.«

»Du sollst keines gewöhnlichen Todes sterben, du Gotteslästerer. Doch selbst jetzt noch würde ich gnädig sein, wenn ich es könnte. Rufst du zu Gott?«

»Ich rufe die Götter meiner Väter an.«

»Du Narr, sie werden dich nicht erretten!«

»Trotzdem rufe ich sie an. Ich habe nichts mehr zu tun mit deinen drei Göttern.«

»Fürchtest du dich nicht vor der Hölle?«

»Ich bin meines Vaters Sohn und ein Krieger aus einem Stamme von Helden. Warum sollte ich mich fürchten?«

Molios dachte eine Weile nach.

»Nehmt ihn«, sagte er endlich, »und begrabt ihn lebendig in einem hohlen Baum, so daß seine Götter seine Schreie hören und ihn retten werden!«

»Es gibt eine große hohle Eiche in der Nähe«, sagte Ecta verwundert und führte sie dorthin.

»Bereust du, Cathal?« fragte Molios.

»Ja«, antwortete dieser heftig, »ich bereue, daß ich die guten Tage vergeudet habe, als ich dir und deinen drei falschen Göttern diente.«

»Hör auf zu lästern. Du weißt genau, daß diese Drei *ein* Gott sind!«

Cathal lachte spöttisch.

»Hörst du, Ecta?« rief er. »Dieser alte Druide möchte uns weismachen, daß zwei Männer und ein Weib eine Person bilden. Glaube du das nur — ich lache darüber.«

Doch in diesem Augenblick, auf ein Zeichen von Molios, hob man ihn empor, zog ihn hinauf zum Wipfel der Eiche und ließ ihn von dort, mit den Füßen zuerst, in das tiefe hohle Herz des Baumes hinabgleiten. Dann knieten alle, die mit dabei waren, in einem Kreis rund um die Eiche nieder, und Molios betete für die Seele des zum Tode Verdammten. Hoch in den wildbewegten Blättern flog ein Lachen auf, so als wäre dort ein unsichtbar spottender Vogel verborgen.

Einer nach dem anderen zogen sich alle zurück, bis auf zwei junge Männer, die den Befehl erhielten, diesen Ort drei Tage lang zu bewachen und niemand in die Nähe kommen zu lassen; Cathal sollte ohne Nahrung und Wasser bleiben — und auf seine Rufe sollten sie auch dann nicht achten, wenn er sie bei Gott oder der Gottesmutter oder bei Christus anflehte.

Den ganzen Tag über vernahmen sie keinen Laut aus dem hohlen Baum. Als die Sonne unterging, ließ sich eine Amsel singend auf einem kleinen Zweig nieder, der über der Öffnung herabhing. Dann kam das Dunkel, und die Sterne funkelten durch den Tau. Um Mitternacht stand der Mond über der Eiche. Eine Flut blaßgoldener Strahlen lag schimmernd auf ihren Zweigen. In der Stille der Nacht hörten die Wächter eine Stimme singen, die, erstickt, wie aus einer Höhle, herausdrang. Undeutlich fingen sie Worte auf:

O gelbes Licht des Mondes, Ioua, das dort
scheint mit kalt-bleichem Glanz,
Dein Strahl trifft mich hier in der
Baumhöhle, wo ich auf den Tod liege;
Nichts sehe ich jetzt mehr, der ich zu viel
und zu wenig geschaut habe.
O Ioua, du bist sanfter und weicher als jenes
Licht, das den Tag versengt.

Leg dich wie Meeresstille auf das heiße Herz
des Mädchens Ardanna,
Sag ihr, daß Cathal sie liebt und die
Erinnerung süßer ist als das Leben.
O gelbe Flamme des Mondes, Ioua, treib
das Blut aus dem Herzen Ectas,
Und laß ihn ruhmlos sterben, erschlagen
von innen.
Entzünde ein Feuer in Molios, daß er in
Mondsucht umherwandelt,
Und laß ihn im Wahn sterben, verhöhnt von
den Menschen.

Denn sieh, ich verehre dich, Ioua,
Und Botschaft kannst du bringen zu Neis,
dem Heloten auf Iona —
Sag ihm, daß ich dich grüße als Bandia, die
machtvolle Göttin,
Und daß er weise war und ich ein Narr mit
tauben Ohren.

Und gewähre mir, Göttin, einen bitteren
Mondtrank für Columba:
Sei das Mondlied in seinem Hirn und die
Mondglut in seinem Herzen!

Laß deine glühende Flamme wie Wachs ihn
versengen,
Seine Seele in Tränen ertrinken und seinen
Körper ein Nichts auf dem Sande sein!

Die beiden Wächter blickten sich an, doch sprachen kein Wort. Jeder trug Furcht auf dem Gesicht. Was wäre, wenn diese neue Lehre von Gott nun falsch war und Cathal recht hatte und die alten Götter Herr über Leben und Tod waren? Das Mondlicht schaute auf sie herab, und jeder sah den Zweifel in den Augen des anderen. Doch keiner blickte zu dem weißen Feuer auf.

Als es noch dunkel war, eine Stunde vor dem Morgengrauen, erwachte einer von ihnen aus kurzem Schlummer. Mehrmals glaubte er, undeutliche Gestalten von Stamm zu Stamm, von Dickicht zu Dickicht gleiten zu sehen.

Plötzlich bemerkte er eine hohe Erscheinung, die schattenhaft stumm am Rande der Lichtung stand. Sein leiser Schrei weckte seinen Gefährten auf.

»Was ist, Murta?« fragte dieser flüsternd.

»Eine Frau!«

Doch als sie hinblickten, war die Gestalt verschwunden.

»Es war eine von dem Verborgenen Volk«, sagte Murta, während er seine ruhelosen Augen von Dunkel zu Dunkel schweifen ließ.

»Woher willst du das wissen?«

»Sie war ganz wie ein grüner Schatten, und ich habe das grüne Feuer in ihren Augen gesehen.«

»Hast du nicht daran gedacht, wer es auch gewesen sein könnte?«

»Wer denn?«

»Ardanna!«

Da sprang Murta auf und lief rasch zu der Stelle hin, wo er die Gestalt gesehen hatte. Doch da war niemand; aber als er auf den Erdboden blickte, fand er dort im Mondscheintau den Abdruck von kleinen Füßen.

Bei Sonnenaufgang reckte Murta seine Arme in die Höhe und fiel mit gesenktem Kopf auf die Knie.

»Warum tust du, was verboten ist?« fragte ihn sein Gefährte Diarmid. »Hast du Cathal vergessen? Wenn der heilige Molios erfährt, daß du das Licht anbetest, würde mit dir das gleiche geschehen.«

Doch da hörten sie von neuem Cathals Stimme — heiser und trocken war sie, aber kaum schwächer als zuvor beim Aufgang des Mondes:

O heißgelbes Feuer, das schwertweiß und
golden aus dem Himmel hervorströmt:
Sei Flamme für die betenden Mönche in
ihren Zellen auf Ioua!
Sei Höllenglut in den Adern Columbas,
wenn er predigt,
Sei Fackel den Männern aus Lochlin, daß
sie die Insel finden!

Denn ich sehe, es sind die alten Götter, die
niemals sterben;
Alles andere ist Schein, ist Traum und
Wahn, eine stetig verebbende Flut.
Ehre sei dir, Grian, o Sonne, höchster der
Götter und Vater des Lebens!
Wie Speere sind deine Strahlen, wie ein
verzehrendes Feuer dein Atem.

Sende Sorge und Unheil auf diese Insel —
doch nicht auf Ardanna,
Sende einen langsamen und schwertlosen
Tod auf alle, von Molios bis zu Murta und
Diarmid, meinen Henkern!

Bei den letzten Worten war Murta dicht an die Eiche herangetreten.

»Friede sei mit dir, Cathal!« rief er, doch es blieb still.

»Bist du noch ein lebender Mann, oder ist es dein Tod, der dort in der hohlen Eiche singt?«

»Meine Glieder lösen sich, aber noch sterbe ich nicht«, war dumpf die Stimme zu hören, welche die Sonne begrüßt hatte.

»Ich bin Murta mac Murta mac Neisa, und mein Herz ist traurig um dich, Cathal.«

Stille.

»Cathal, der du ein Mönch warst, was ist die Wahrheit? Christus oder die Götter unserer Väter?«

Stille.

»Cathal, liegt schon das dunkle Schweigen des Todes auf dir?«

Murta horchte gespannt, doch kein Laut war zu vernehmen.

Da ging Murta, der ein Sänger war, zu einem kleinen Bergsee, der einen Pfeilschuß abseits im Moose lag, wo Teichbinsen wuchsen, brach dort ein Schilfrohr vom vergangenen Jahr und schnitt sieben Löcher hinein. Damit kehrte er zu der hohlen Eiche zurück.

Er spielte zuerst eine süßverlorene Weise, die er von einer Schäferin auf den Hügeln gehört hatte. Dann spielte er einen Grabgesang der Inselleute, in

dem das Rollen der See und das Plätschern der Wellen am Strand zu hören war. Schließlich spielte er das Lied der Liebe, und darin war das Schlagen von Herzen, waren Seufzer, und eine Stimme stieg auf und fiel wie ferner Vogelsang.

Als er aufhörte, scholl eine Stimme aus der hohlen Eiche:

»Spiele mir ein Sterbelied,
Murta mac Murta mac Neisa.«

Da lächelte er und spielte wieder das Lied der Liebe.

Danach herrschte eine kurze Stille, bis Murta auf seinem Schilfrohr so lange spielte, wie ein Reiher dazu braucht, um aufwärts kreisend den Weg bis zur siebenten Schneckenwindung zurückzulegen. Dann brach er ab und sang mit einem seltsamen Leuchten in seinen Augen:

Aus den wilden Bergen höre ich ein Sausen,
Cathal:
Es scheint das Sausen eines blutenden
Schwertes zu sein.

Wem gehört das Schwert? —
Ich weiß, es ist das Schwert des Schlägers,
der Tod genannt wird,
Und das Lied, das es singt, kenne ich gut:
O, wo ist Cathal mac Art, der Becher für den
Durst meiner Lippen?

Aus dem kalten Grau des Meeres höre ich
eine Stimme, Cathal:
Es ist eine fluterstickte Stimme, wie von
einem, den die Wellen verschlangen.

Wem gehört die Stimme? —
Ich weiß, es ist die Stimme des Schattens, der Grab genannt wird,
Und das Lied, das sie singt, kenne ich gut:
O, wo ist Cathal mac Art, der meiner Kühle Wärme gibt?

Aus dem heißen Grün des Waldes höre ich einen Schritt, Cathal:
Es ist ein raschelnder Schritt, wie von einer strauchelnden Blinden.
Wem gehört dieser Schritt? —
Ich weiß, es ist der raschelnde Schritt der Blinden, die Ruhe genannt wird,
Und das Lied, das sie singt, kenne ich gut:
O, wo ist Cathal mac Art, der Tränen für meine Stille hat?

Als Murta sich wieder neben Diarmid setzte, herrschte Schweigen. Diarmid sah den anderen nicht an, denn er hatte ein Todeslied gesungen, und Dunkel war auf ihm. Würde er nicht den Tod oder den Schatten oder die Blinde sehen, wenn er die Augen hob?

Mittag kam heran. Manchmal raschelte Rotwild im Farn. Nichts nahte sich in schattenhaft weiter Ferne. Zeitweise schwebte ein Habicht im klaren Abgrund des blauen Himmels nach Norden hin; in der weißen Lohe des Südens wurde für einen Augenblick, wie aufgewirbelter Schaum, eine Wildgans sichtbar, die von der Höhe unsichtbarer Zinnen dorthin schwebte, wo die See sein mußte.

Der Nachmittag schimmerte in flutendem Sonnenlicht, von dem die grünen Blätter golden durchtränkt wurden. Bei Sonnenuntergang stieg ein Schwarm von wilden Tauben aus den Fichten auf und flog dem Glanz im Westen entgegen — purpurne und rosige, schaumweiße und nelkenfarbene Flammen.

Silberfarben kam das Zwielicht heran. Tau glitzerte auf den Farnwedeln und in den Mooskelchen. Die Sterne kamen hervor, und wieder tauchte der Mond das Geäst in schneeiges Licht.

Seitdem Murta am Morgen gesungen hatte, war kein Laut mehr aus der Eiche gedrungen. Bei Sonnenuntergang hatte er sich lauschend gegen den mächtigen Stamm gelehnt, doch seine scharfe Ohren vernahmen nichts anderes als das Bohren eines Käfers, der unter der Rinde wühlte.

Bei Anbruch der Dunkelheit hörten die beiden Wächter den verworren fernen Lärm eines Festes, der wie ein verlorener Windhauch wieder verhallte. Dunkle Wolkenschleier verhüllten den Mond; tief hing regenschwere Finsternis über der Erde.

So vergingen der zweite Tag und die zweite Nacht.

Als nach ermüdender Wache endlich der Morgen graute, stand Murta auf und schlug mit einem Stein gegen die Eiche.

»Cathal!« rief er immer wieder. »Cathal!«

Kein Laut war zu hören.

Murta blickte Diarmid an, las den eigenen Gedanken in den Augen des Gefährten.

»Die Blinde ist hiergewesen«, sagte Diarmid leise.

Gegen Mittag war große Hitze und dann ein Gewitter. Diarmid war in einen tiefen Schlaf gesunken. Als das Gewitter weitergezogen war in die Hügel und sanfter Regen fiel, kletterte Murta in die Äste der Eiche. Er starrte in die dunkle Höhlung hinab, konnte aber nichts sehen außer einem grünen Dämmer, der in braunen Schatten überging, und braunen Schatten, der zu tiefem Schwarz wurde.

»Cathal!« flüsterte er.

Kein Laut. Nicht ein Hauch stieg rauchgleich empor. In den Blättern floß und plätscherte der langsam träufelnde Regen.

»Cathal!«

Murta brach einen Zweig, streifte die Blätter ab und ließ ihn frei herunterfallen.

Er kam mit einem dumpfen Schall auf — sonst war kein Laut zu hören.

»Einen ruhigen Schlaf dir, Cathal«, flüsterte er und glitt durch die Zweige wieder zu Diarmid hinab.

In der Dämmerung hörte der Regen auf. Eine grüne Frische erfüllte die Luft. Die Wache war vorbei. Murta und Diarmid standen auf. Ohne ein Wort gingen sie über die Lichtung; ihre Füße raschelten im Farn. Dann traten sie unter die Fichten, und ihre Schatten glitten in die wilde Finsternis.

Um Mitternacht, als die ganze Insel in der vollen Flut des Mondlichtes lag, regte sich Cathal. Drei Tage und drei Nächte lang hatte er dort eingekeilt in der dunklen Höhlung gestanden. Dreimal war er gestorben: zuerst vor Hunger, dann vor Durst und schließlich vor Erschöpfung. Als der Hunger erschlagen war von seinem Schmerz und der Durst untergegangen in seinem Leiden und die Erschöpfung nicht länger andauern konnte, kamen die Wogen des Todes über ihn.

»Ich sterbe«, klagte er.

»Stirb nicht, du Weißer«, erklang ein verschwimmendes Flüstern. Er wußte nicht, woher es kam, doch der Laut schien aus den Eichenwänden hervorzudringen.

»Ich sterbe«, keuchte er wieder. Seine letzte Kraft verließ ihn. Er sank in sich zusammen, glitt in eine enge Spalte hinein, in der welke Blätter gelegen hatte, und versank dort in der Finsternis.

War da der Tod oder ein kalter Luftzug um seine Füße? Als er diese mit dumpfem Schmerz bewegte, stießen sie nicht gegen Eichenholz, sondern gegen taukühles Moos. Eine wilde Hoffnung blitzte in seiner Seele auf. Schwache Hände tasteten tiefer in die Spalte hinein.

»Ich sterbe«, stöhnte er.

»Stirb nicht, du Weißer«, war da wieder, wie sich bewegende Blätter, der flüsternde Hauch zu hören.

»Rette mich«, murmelte Cathal, schon heiser vom Griff des Todes.

Dann senkte sich ein tiefes Schwarz auf ihn herab, und er schwebte darin wie eine Feder, die hin und her gewirbelt wird in der Leere des Abgrunds.

Als sich das Dunkel wieder hob, lag Cathal auf seinem Rücken. Langsam, aber ohne Schmerz holte er Atem. Er empfand eine wunderbare Kühle und Ruhe. Wo war er? fragte er sich staunend. War er in jenem Paradies, worüber Columba und Molios gesprochen hatten? War er in Hy Bràsil, wovon Aodh der Harfner gesungen hatte? War er in Tir-n'an-Òg, wo alle Wesen jung bleiben und wo immer Freude im Herzen und Frieden in der Seele herrscht?

Warum war sein Mund, der trocken wie Asche gebrannt hatte, nun so kühl? Warum waren seine Lippen feucht, wie von dem bittersüßen Saft einer Frucht?

Lange dachte er nach. Dann öffnete er die Augen und starrte zu den Sternen empor. War dort nicht das behangene Waffenschwert Fionns und jener schimmernde Schwarm der Staub von Alldais Füßen? Was konnte jener tanzende grünblaue Wandelstern dort anders sein als die Harfe Brigidhs, die vor den Göttern sang?

Ein Schatten flog über ihn, und im nächsten Augenblick lag eine kühle Hand auf seinen Augen. Sie brachte ihm Ruhe und Heilung. Er spürte, wie das Blut durch seine Adern strömte und das Herz ihm bis in seine Kehle pochte.

Schließlich hatte er die Kraft, sich taumelnd zu erheben. Ein Mädchen von blendender Schönheit stand neben ihm.

»Ardanna!« rief er, doch er wußte schon, ehe das Wort verhallt war, daß dieses Wesen keine piktische Frau war.

Sie lächelte. Das Licht in ihren Augen war wie Mondschein. Ihr schimmernder Körper war zartgrün wie ein Blatt und nur gekleidet in seine eigene Anmut, doch schien der Mond ein Gewand um ihn zu weben.

»Wie ein grünes Blatt, wie ein grünes Blatt«, murmelte Cathal immer wieder.

»Bist du ein Traum?« fragte er schließlich, denn er fand keine anderen Worte für sein Staunen.

»Nein, Cathal, ich bin kein Traum, ich bin eine Frau.«

»Eine Frau? Aber . . . aber du hast keinen Körper wie andere Frauen . . . und ich sehe den Mondstrahl, der auf deiner Haut spielt, auf das Moos hinter dir scheinen!«

»Denkst du denn etwa, daß es keine Frauen und Männer in der Welt gibt außer denen, die in ihren groben Körpern leben und umherwandern in der Sonnenflut?«

Stumm blickte Cathal sie an.

»Ich gehöre zum Grünen Volk, Cathal. Wir sind Kinder der Wälder. Ich bin eine Waldnymphe.«

»Hast du denn einen Namen, schönes Wesen?«

»Ich werde *Deoin*, 'Grünes Leben' genannt.

»Das ist ein guter Name für dich! Gibt es denn noch andere von deinem Clan an diesem Ort?«

»Sieh selbst!« sagte sie und beugte sich nieder, hob den Tau aus einer mondbeschienenen Blume und legte ihn auf seine Augen.

Cathal schaute sich um. Überall sah er blaßgrüne Wesen sich hin und her bewegen. Einige traten aus Bäumen hervor, wie Regen aus einer Wolke; andere verschwanden in Bäumen, wie stille Schatten. Alle waren sie schön — schlank und biegsam im Schein des Mondes, blaßgrün wie das Blatt der Linde, von sanftem Leuchten, mit strahlenden Augen und zartem Haar, das braun wie die Erde war.

»Wer sind diese, Deoin?« flüsterte Cathal scheu.

»Sie sind mein Clan, die Wesen der Wälder: das Grüne Volk.«

»Sie kommen aus den Bäumen, wie Bienen in einem Bienenstock ein- und ausgehen.«

»Bäume? Das ist nur euer Name für uns. *Wir* sind die Bäume!«

»Wie ist das möglich, Deoin?«

»Du hast Leben in deinem Körper. Wohin geht es,

wenn dieser schläft oder der Saft nicht mehr in den Adern fließt und wenn Kälte im Blut ist und es zu gefrorenem Wasser macht? Ist Leben in deinem Körper?«

»Ja, gewiß.«

»Das Fleisch ist *dein* Körper, der Baum ist *mein* Körper.«

»Dann bist du das grüne Leben eines Baumes?«

»Ja.«

»Und die anderen sind wie du?«

»Ja.«

»Ich sehe Männer, und ich sehe Frauen, und ich sehe auch ihre Kinder. Und einige sind bekränzt mit blassen Blumen.«

»Das sind jene, die lieben.«

»Und du, Deoin, die du so schön bist, hast keinen Kranz?«

»Auch du hast keinen, Cathal, obwohl dein Gesicht schön ist; deinen Körper kann ich nicht sehen, da du eine Schale um dich trägst.«

Mit leisem Lachen warf Cathal sein Gewand von sich.

»Das soll mir nicht mehr im Wege sein«, rief er. »Wenn du und die Deinen mich in das Waldvolk aufnehmen, will ich nicht länger ein Mensch sein.«

Da rief Deoin. Viele grüne Lichtgestalten glitten aus den Bäumen hervor, und andere kamen, blumenbekränzt, Hand in Hand über dic Lichtung heran.

»Schaut, grüne Wesen«, rief Deoin mit ihrem süßen Laubgeflüster, das jetzt anschwoll wie ein Windlied im Birkenzweig, »schaut her, das ist ein Mensch. Sein Leben ist das meine, denn ich habe ihn gerettet. Ich habe den Mondscheintau auf seine Augen gelegt.

Er möchte einer von uns sein, auch wenn er keinen Baum als Körper hat.«

Einer, der aus einer uralten Eiche herausgetreten war, blickte Cathal an.

»Möchtest du zum Waldvolk gehören, Mensch?«

»Ja, gern möchte ich das, o Druide der Träume.«

»Willst du unsere Gesetze befolgen, von denen das erste lautet, daß keiner aus seinem Baum hervorkommen darf, bis sich die Dämmerung herabgesenkt hat, und ihm nicht fernbleiben soll, wenn der Morgen seine grauen Lippen öffnet und die Schatten auftrinkt?«

»Ich kenne von nun an nur noch das Gesetz des grünen Lebens.«

»Gut. Du sollst mit uns leben. Dein Heim wird die hohle Eiche sein, in der du sterben solltest. Warum hat dein Clan dir dies angetan?«

»Weil ich nicht an die neuen Götter glaubte.«

»Wer sind deine Götter, Mensch, den diese Grüne hier Cathal nennt?«

»Es sind die Sonne und der Mond und der Wind, und es gibt auch noch andere, von denen ich dir später erzählen kann.«

»Hast du von Keithoir gehört?«

»Nein.«

»Er ist der Gott der Grünen Welt. Er träumt, und seine Träume sind die Frühlingszeit und der Sommer und die Apfelzeit. Wenn er schläft ohne Traum, so ist Winter.«

»Habt ihr keinen anderen Gott als diesen Erdgott?«

»Wir kennen keinen anderen.«

»Wenn er dein Gott ist, so soll er mein Gott sein.«

»Ich sehe in den Augen Deoins, daß sie Cathal den Menschen liebt. Willst du ihre Liebe haben?«

Cathal sah das Mädchen an. Sein Herz schwamm in Licht.

»Ja, wenn Deoin mir ihre Liebe schenken will, soll ihr meine Liebe gehören.«

Die Waldnymphe neigte sich ihm zu wie ein grüner Zweig. Dann beugte sie sich nieder und pflückte weiße, von Tau benetzte Blumen, aus denen sie einen Kranz für Cathal wob; und auch er machte aus den weißen Blumen eine Krone von Schaum für die braune Flut ihres Haares.

Hand in Hand wanderten sie über die mondhelle Lichtung. Niemand kreuzte ihren Weg, obwohl überall zarte grüne Wesen von Baum zu Baum huschten. Ein grüner Glanz leuchtete in Cathals Augen. Das grüne Feuer des Lebens flammte in seinen Adern.

Der heilige Molios, der in der Meereshöhle auf der Insel der Kuppe wohnte, die schon zu seinen Lebzeiten nach ihm die Heilige Insel genannt wurde, erreichte ein hohes Alter. Manche behaupteten, er sei von heidnischen Pikten erschlagen worden oder von den wilden Sommerseglern aus Lochlin, bevor sein Haar so weiß gebleicht war wie Sumpfbaumwolle. Doch das ist leeres Gerede, denn sein Ende war anders. Ein Kuldeer mit der Seele einer Fledermaus fürchtete die Wahrheit, obwohl sie Gottes Schöpfung preist, und zeichnete in *Ogham*-Runen die unwahre Kunde auf, daß Molios mit dem Kreuz auf einer Insel des Nordens erschlagen wurde.

Jedes Jahr an einem Tag der Tage hatte sich Molios zu der hohlen Eiche begeben, die in dem Bergwald hinter Ecta mac Ectas Gehöft wuchs. Dort sprach er lange über Cathal, der sein Freund gewesen sei, wie der Böse die Herrschaft über ihn gewonnen habe und er dort in der Eiche umgekommen sei. Dann sang er mit all seinen Begleitern die Hymnen des Friedens, und es herrschte große Freude über das Ende, das der Mönch gefunden hatte. Viele hätten den Baum am liebsten umgehauen oder verbrannt, damit der Staub des Sünders in die vier Winde verstreut werde, doch dies wollte Molios nicht zulassen.

Es war gut für Cathal, daß er während der Stunden des Lichtes in tiefem Schlaf lag. Niemals hörte er die Stimmen der Mittagszeit, noch erklang je in seinen Ohren das langsame Steigen und Fallen der heiligen Hymnen.

Doch als Molios einmal — viele Jahre, nachdem Cathal in die hohle Eiche hinabgestoßen worden war — erst gegen Sonnenuntergang und matt von der Hitze an diesen Ort kam, hörte er ein leises, schwaches Lachen von dem Baum ausgehen, wie Duft von einer Blume.

Kein anderer hörte es außer ihm. Ruhig ging er mit den Inselleuten fort, doch als der Mond über den Fichten stand, kehrte Molios allein in den Wald zurück.

Als er zu dem Baum des Gerichtes kam, preßte er sein Ohr gegen die Rinde und lauschte lange. Kein Laut war zu hören.

Seine Stimme war schon alt und zittrig, doch sie klang jung und frisch, wenn sie bis zu den Vorhöfen des Himmels gelangte. Er sang eine heilige Hymne.

Kein Lachen, kein Laut war zu hören. Er war froh darüber. Gewiß war alles nur ein Traum gewesen.

Doch da war plötzlich wieder das leise spottende Lachen zu hören. Ungläubig fuhr er zurück.

»Cathal!« schrie er, und seine Stimme war wie ein wirbelndes Blatt im Sturm.

»Ich bin hier, Molios«, hörte er eine sanfte Stimme hinter sich. Wie von einem Pfeil getroffen, wandte der alte Kuldeer sich um. Vor ihm stand, weiß im Mondlicht, ein nackter Mann. Zuerst erkannte Molios ihn nicht, denn er war von einer wundersamen wilden Schönheit. Dann verschwamm langsam das Bild von Cathal dem Mönch in den Cathal der Wälder; Molios nahm ihn wahr, so wie eine blaue Flamme sichtbar wird in der Lohe des gelben Feuers.

»Ich bin hier, Molios.«

Seltsam war diese Stimme; schwach und fern war ihr Klang, und doch gehörte sie zu einem lebendigen Menschen.

»Bist du denn ein Gespenst, Cathal?«

»Ich bin kein Gespenst, Molios. Ich bin Cathal, der ein Mönch war und jetzt ein Mann ist.«

»Wie bist du der Hölle entkommen, du, der du doch tot sein mußt und dessen zu Staub zerfallene Gebeine in der Höhlung dieser Eiche liegen?«

»Es gibt keine Hölle, Kuldeer.«

»Keine Hölle?« Der Kuldeer starrte den Waldmann in erblaßtem Schrecken an.

»Gibt es dann auch keinen Himmel?«

»Es gibt eine Hölle, und es gibt einen Himmel — doch sie sind nicht so, wie Columba und du es lehrten.«

»Lebt Christus?«

»Ich weiß es nicht.«

»Und die Mutter Gottes?«

»Ich weiß es nicht.«

»Und Gott Vater?«

»Auch das weiß ich nicht.«

»Du lügst, Cathal. Bald wirst du, zur Ehre Gottes, wirklich tot sein; denn ich werde anordnen, deinen Staub in die vier Winde zu streuen und deine Gebeine vom Feuer verzehren zu lassen und einen Pfahl durch die hohle Eiche zu treiben.«

Cathal lachte.

»Geh zurück zu deiner Meereshöhle, Molios. Du hast noch viel zu lernen. Brüte dort über die Wege deines Gottes, bevor du entscheidest, ob Er nicht mehr weiß als du. Ehe du gehst, will ich dir ein Wunder zeigen. Doch sage mir vorher noch, was mit Ardanna geschah, die ich liebte.«

»Sie wollte nicht glauben und wurde verflucht. Als Ecta das Kind von ihr nahm, das in Sünde geboren wurde, damit es mit dem Zeichen des Kreuzes getauft werde, ging sie nordwärts hinter den Hügel der Zinnen. Dort begegnete sie dem jungen König der Pikten von Argyll, und er liebte sie und nahm sie mit sich zu seinem *Dûn*. Er und sie und die beiden Söhne, die sie ihm gebar, liegen nun alle unter dem Hügelmoos; und ihre Seelen sind in der Hölle.«

Cathal lachte leise und spöttisch.

»Ich denke, das wird eine gute Hölle sein, Molios. Doch komm . . . nun will ich dir ein Wunder zeigen.«

Damit beugte er sich nieder und nahm den Mondscheintau aus einer Blume und legte ihn auf die Augen des alten Mannes.

Da sah Molios.

Und was er sah, war für ihn seltsam und schrecklich zugleich. Denn überall waren leuchtende grüne Wesen, die von Baum zu Baum huschten oder aus den Baumstämmen hin und her glitten. Neben Cathal stand eine Frau. Sie war schön und schien ganz aus grünem Feuer gewoben zu sein. Hinter ihr waren lichte und anmutige Gestalten, die wie Männer und Frauen, doch ohne Seele waren; aber auch sie liebten das Leben und haßten den Tod, und nichts anderes tut der eitle Clan der Menschen.

»Wer ist diese Frau, Cathal?« fragte der Heilige zitternd.

»Es ist Deoin, die ich liebe und die mir Leben gegeben hat.«

»Und diese Wesen . . . die weder grüne Phantome aus Bäumen sind noch Menschen wie wir?«

»Es sind die Kinder unserer Liebe.«

Molios fuhr entsetzt zurück.

Doch Cathal hob die Arme und rief mit freudigen Augen:

»O grüne Flamme des Lebens, pochendes Herz der Welt, Traum der Träume!«

»O bitterer Gram«, klagte Molios. »Warum habe ich dich an jenem Tag der Tage nicht ganz und gar erschlagen, verbrennen und pfählen lassen? Fluch über dich, Cathal, der du ein Mönch warst und jetzt ein wilder Mann der Wälder bist. Auf dich und deine Waldnymphe und eure ganze Brut lege ich den Bann der Furcht und des Schreckens und des Leides, bei Tag und bei Nacht!«

Doch da stieg ein verschwimmendes Schwindelgefühl in den Kopf des Molios, so daß er vornüber fiel und lang ausgestreckt auf dem Moos liegenblieb.

Kein Bewußtsein war in ihm, bis die Sonne aufging und ihr gelbes Licht in sein Gesicht schien. Kein Wesen war um ihn. Als er sich im Tau nach den unzähligen Füßen umschaute, die dort gewesen waren, fand er keine Spur.

Der alte Mann kniete nieder und betete. Beim ersten Gebet füllte Gott sein Herz mit Frieden. Beim zweiten Gebet füllte Gott sein Herz mit Staunen. Beim dritten Gebet hörte er Gott geheimnisvoll flüstern — und verstand. Tränen waren in seinen alten Augen. Er trat zu der Hohlen Eiche und segnete sie und den wilden Mann, der darin schlief, und die Waldnymphe, die er liebte, und die Kinder ihrer Liebe. Er nahm den Fluch fort und segnete alles, was Gott gemacht hatte.

Wie ein Träumender ging er den langen und mühsamen Weg zur Küste zurück. Staunen und Geheimnis waren in seinen Augen.

In dem kleinen Lederboot, das ihn täglich von der Heiligen Insel herüberbrachte, saß ein Junge und spielte mit Kieseln.

»Ardan mac Cathal«, begann der heilige Mann zu sprechen, der nun müde, doch von einer ganz neuen Freude erfüllt war.

»Wer ist Cathal?« fragte der Junge.

»Dein Vater. Sage mir, Ardan, hast du jemals etwas in den Wäldern sich regen sehen — grüne Wesen aus den Bäumen?«

»Ich habe ein grünes Leuchten aus den Bäumen kommen sehen.«

Molios senkte den Kopf.

»Du sollst sein wie mein Sohn, Ardan mac Cathal; und wenn du erwachsen bist, sollst du deinen eigenen Weg wählen, und niemand soll dich daran hindern.«

In jener Nacht konnte Molios nicht schlafen. Da er das laute Lied der See hörte, ging er zur Mündung der Höhle und sah lange den Robben zu, die in den silbernen Strahlen des Mondlichtes plätscherten.

Dann rief er sie zusammen.

»Ist es wegen des Fluches, den du in jedem Jahr der Jahre auf uns legst, heiliger Molios?« fragte klagend eine große schwarze Robbe.

»Nein, Schwarze Robbe, es ist kein Fluch, den ich heute für dich und deinen Clan habe, sondern ein Segen und Frieden. Ich habe ein Wunder Gottes erfahren — von einer Waldnymphe zwischen den Bäumen dort auf den Hügeln. Doch jetzt will ich euch die weiße Geschichte von Christus erzählen.«

Und dort, im Mondschein, während die Strömende Flut von seinen Füßen bis zu den Knien anstieg, predigte er ihnen die Botschaft der Liebe.

Als Molios geendet hatte, schlüpfte eine jede von ihnen wieder in die schattige See zurück. Während der ganzen Nacht, da er tief in die verborgenen Wunder und Geheimnisse der Welt versunken war, hörte er sie im Mondglanz einander zurufen: »Auch wir sind Geschöpfe Gottes.«

Im Morgengrauen trat ein Schatten in die Höhle. Ein kühler Reif legte sich auf das Gesicht des Molios. Ein Strahl von der großen Scheibe wirbelnden goldenen Feuers, die wieder emporgestiegen war, fiel sanft auf seine weißen Lippen. Als Ardan erwachte, sah er ein Lächeln darauf liegen und küßte sie.

DER ZAUBER DER SEE

Es gibt vier Städte der Welt, die kein sterbliches Auge je gesehen hat, doch welche die Seele kennt: Gorias im Osten; Finias im Süden; das versunkene Murias im Westen; und Falias im Norden.

Und das Symbol für Falias ist der Stein des Todes, der mit einem bleichen Feuer gekrönt ist; und das Symbol für Gorias ist das teilende Schwert; und das Symbol für Finias ist ein Speer; und das Symbol für Murias ist eine Höhlung, die mit Wasser und verblassendem Licht gefüllt ist.

LEABHRAN MHOR-GHEASADAIREACHD
(Das Kleine Buch der Großen Verzauberung)

Die alten Mythen und magischen Geschichten sprechen von einer besonderen inneren Affinität des Menschen zu einem der Elemente und nennen diese das verhüllte Tor des geheimen Weges zu seiner Seele. Es gibt Kinder des Feuers und Kinder der Luft, Kinder der Erde und Kinder des Wassers. Sicher gehören manche von uns dem sehr alten Clan an, in dessen Blut — nach einer Legende der Vorzeit — das Wasser der See fließt. Viele Sagen und Legenden, viele Gedichte und Sprichworte kennen die *Chloinn-na-Mhara*, die Kinder der See. Einige erwähnen den Schrecken der See und das in ihr enthaltene und von ihr ausgehende Unheil, andere ihre Rätselhaftigkeit, ihre Schönheit und Faszination — wie sie auch in der verhängnisvollen und todbringenden Musik der Griechischen Sirenen als der gefährliche Reiz fremder Wasser verkörpert ist. Viele kennen den subtilen Zauber, der auch ein Fluch sein kann und tief in den Herzen der *Chloinn-na-Mhara* verborgen ist. Er brütet dort und gibt keine Ruhe, gönnt keinen Frieden, sondern wird den Geist zu der Einsamkeit des Windes treiben und das äußere Leben der unberechenbaren Turbulenz unterwerfen. Vor langer Zeit schon hat Pindar von jenem seltsamen Stamm unter den Menschen geschrieben, »der ein häusliches Leben verachtet und auf Dinge blickt, die in weiter Ferne liegen, der einer trügerischen Beute mit Hoffnungen nachjagt, die sich niemals erfüllen werden«. Das ist *Brònavara* oder Die Sorge der See.

Hier nun die alte Legende vom Ursprung der Kinder der See: Es waren einmal vier Städte (die der Gäle des Westens Gorias, Falias, Finias und Murias nennen wird), und das waren die größten und herrlichsten Städte von jenen Stämmen der Schönheit, die aus der Verbindung zwischen den Engeln und den Töchtern der Erde hervorgegangen waren. Die anmutigen Frauen besaßen die Schönheit von Blumen, sie lebten wie diese und verwelkten wie sie; denn sie waren von Glück erfüllt, wie Elfenbeinkelche mit sonnenbeschienenem tanzendem Wein, doch sie hatten keine Seele. Adam hatte sich noch nicht aus dem Staub des Paradieses erhoben, und Eva, jene sorgenvolle Lieblichkeit, war noch nicht geboren. Finias war das Tor des Paradieses nach Süden hin, Murias nach Westen; im Norden stand ein großer Stern über Falias, und im Osten erstrahlte Gorias, die Stadt der Edelsteine, wie beim Untergang der Sonne. Dort liebte der unsterbliche Himmelsclan die Kinder Lilith.

An dem Tag, als Adam den Heiligen Namen aussprach und König der Welt wurde, war ein großes Seufzen zu hören in Gorias im Osten und Finias im Süden, in Murias im Westen und Falias im Norden; und als der Morgen kam, wurden die Frauen nicht mehr durch die Bewegung von Flügeln und den Sonnenflug der Engel geweckt, die ihre Liebhaber gewesen waren und nicht mehr zu ihnen zurückkehrten. Und als Eva an der Seite Adams erwachte und er sie anschaute und das unsterbliche Rätsel in den Augen dieser sterblichen Schönheit gewahrte, da waren Klagen und Abschiedsrufe und Stimmen des Zwielichtes zu hören in Murias am Rande der See und in Gorias hoch zwischen den Bergspitzen, in den verborgenen Gärten von Falias und dort, wo das Mondlicht wie ein Speer über den Türmen von Finias auf der großen Ebene hing. Die Kinder der Lilith waren mit dem Winde davongegangen — wie aufgewirbelter Staub, wie Tau, wie ein Schatten, wie das nicht mehr wiederkehrende Blatt.

Adam stand auf und bat Eva, an die vier Orte der Einsamkeit zu gehen und von dort die vier vorzeitlichen Geheimnisse der Welt mitzubringen. So ging sie nach Gorias und fand dort nichts außer einer feurigen Flamme. Sie hob diese auf und verbarg sie an ihrem Herzen. Um die Mittagsstunde kam sie nach Finias und fand dort nichts außer einem Speer aus weißem Licht. Sie nahm diesen und verbarg ihn in ihrem Denken. In der Abenddämmerung kam sie nach Falias und fand dort nichts außer einem Stern in der Dunkelheit. Sie verbarg die Dunkelheit und den Stern darin in ihrem Schoß. Bei Mondaufgang kam sie nach Murias an die Küsten des Weltenmeeres. Sie sah dort nichts außer einem umherschweifenden Licht. Da beugte sie sich nieder, nahm eine Woge der See und verbarg sie in ihrem Blut.

Und als Eva wieder zu Adam zurückgekehrt war, gab sie ihm die Flamme, die sie in Gorias gefunden hatte, und den Speer aus Licht, den sie in Finias gefunden hatte. »In Falias«, sagte sie, »habe ich etwas gefunden, was ich dir nicht geben kann. Doch die Dunkelheit, die ich verborgen habe, soll deine Dunkelheit und der Stern soll dein Stern sein.«

»Sag mir, was hast du in Murias an der See gefunden?« fragte Adam. »Nichts«, antwortete sie. Doch Adam wußte, daß sie nicht die Wahrheit sprach. »Ich sah ein umherschweifendes Licht«, sagte sie schließlich. Er seufzte — und glaubte ihr. Doch Eva behielt die Woge der See verborgen in ihrem Blut.

So ist es gekommen, daß eine Vielzahl von Frauen heimatlos wie die Woge geblieben sind und das Salz der See weitergegeben haben; und einige ihrer Söhne und Töchter sind von jenem vergeblichen kalten Feuer und jenem unversöhnlichen Leiden und der Ruhelosigkeit des Wassers ergriffen. Und so kommt es, daß bis zum Ende der Zeit manche die salzige See in ihrem Blut und die unruhige Woge in ihrem Herzen haben und heimatlos sein werden.

DER MEERESWAHNSINN

Ich kenne einen Mann, der in einem Dorf an einem der Lochs von Argyll einen kleinen Laden betreibt. Er ist etwa fünfzig Jahre alt, unbedeutend und alltäglich, mit engstirnigen Interessen und an Sonntagen ein peinlicher Anblick in seiner öligen Ehrbarkeit. Er lebt im Angesicht der grünlich-grauen Wasser, über denen sich düstere Berge erheben. Jenseits der Meeresenge dehnt sich die Wildnis aus. Doch meines Wissens erklettert er niemals zum bloßen Vergnügen die Hügel oder steht am Strand — es sei denn an einem Samstagabend, um die Rückkehr der Heringsboote zu beobachten, oder an einem Sonntagnachmittag, wenn er dort ein paar Worte mit einem Freund wechselt.

Und doch gehört dieser Mann zu den merkwürdigsten Menschen, die ich je getroffen habe oder denen ich vermutlich noch begegnen werde. Ich habe von ihm niemals etwas anderes als die allergewöhnlichsten Worte gehört, die zudem irgendwie liebdienerisch klangen. Ich kenne jedoch seinen einzigen engen Freund. In Abständen von manchmal zwei oder drei Jahren, in letzter Zeit einmal jährlich in drei aufeinanderfolgenden Jahren, vergißt dieser Dorfkrämer sich selbst und wird plötzlich zu dem, was er oder irgendein Vorfahr in lange vergessenen Zeiten einmal gewesen ist.

Einen oder zwei Tage lang ist er dann teilnahmslos, spricht, wenn er sprechen muß, mit leiser Stimme und schaut häufig mit seitwärts gerichteten Augen um sich. Irgendwann einmal wird er dann seine Ladentheke verlassen, in den Schuppen hinter seinem Haus gehen, dort eine Weile stirnrunzelnd und vor sich hin murmelnd oder vielleicht auch mit leerem Blick dastehen; dann wird er mit unbedecktem Kopf die Hügel hinauf und über verschlungene Wege durch Moor und Heide gehen und wochenlang nicht mehr gesehen werden.

Er läuft durch die Einöde hinab, die nach örtlichem Brauch »Die Zerbrochenen Felsen« genannt wird. Dort angekommen, ist er stark und klettert flink und behende wie eine Ziege umher. Manchmal zieht er sich nackt aus, setzt sich auf einen Stein und starrt in die Sonne. Meistens geht er am Strand entlang oder läuft stolpernd zwischen unkrautbewachsenen Felsblöcken umher und beschwört laut die See. Sein Freund, den ich erwähnt habe, erzählte mir, daß er immer wieder gesehen habe, wie Anndra sich bückte und mit den Händen Wasser aus der fließenden Woge schöpfte und über seinen Kopf in die Luft schleuderte, während er seltsame gälische Worte ausstieß, von denen manche unzusammenhängend und andere so alt wie die grauen Felsen waren. Einmal ging er mit langen Schritten in die See hinein, schlug sie mit seinen Händen, hieb auf die ansteigende Flutwelle ein, trotzte ihr und verspottete sie, mit ersticktem Gelächter, das gebrochenen Schreien und Seufzern von Haß und Liebe wich.

Lieder sang er der See, warf Farn und Zweige und Steine nach ihr, verfluchte sie. Dann fiel er auf die Knie und betete, hob das Wasser an seine Lippen, goß es auf seinen Kopf. Er liebte die See ebenso, wie ein Mann eine Frau liebt. Sie war seine Flamme ... seine Liebe ... seine Gottheit. Niemals habe ich von etwas gehört, was furchtbarer wäre als sein Verlangen: den Wind und die Salzwoge zu lieben und für alle Zeit von dem einen verhöhnt und von der anderen genarrt zu werden; ein flammendes Herz zu erheben und es von der schneidenden Luft auslöschen zu lassen; sich flüsternd niederzubeugen, um die Woge zu küssen, und sich von ihrem Salz die Lippen zerbeißen und die Augen blenden zu lassen. Das heißt wirklich, jene Bitternis zu kennen, an der so viele nach Tränen, gebrochenem Herzen und Wahnsinn gestorben sind.

Sein Freund, den ich Neil nennen will, stieß einmal auf ihn, als er sich in äußerster Furcht befand. Neil war mit seinem Boot bei Flut nahe an die Küste herangekommen. Als Anndra ihn erblickte, kreischte er auf: »Ich weiß, wer du bist! Halte dich fern!« schrie er. »*Fear faire na h'aon sùla* ... Ich erkenne dich als den Einäugigen Wächter.«

»Dann«, sagte Neil, »wich das Salzwasser aus seinen Augen, und er erkannte mich, fiel auf die Knie und weinte, sagte, er würde an einer alten, zerbrochenen Liebe sterben. Damit rannte er zur Küste hinab, führte eine Handvoll Wasser an seine Lippen, so daß ihm ein Augenblick lang Schaum in seinem zerzausten Bart hing, und laut rief er seine Liebe an, fand bitterwunde Worte für sie; sprang wieder auf, lachte und kroch fort aus meiner Sicht, wenn ich ihn auch zwischen den Felsen weiter schreien hörte.«

Ich fragte Neil danach, wer der Einäugige Wächter sei. Er sagte, dies sei ein Wesen, das niemals gestorben sei und niemals gelebt habe. Er besaß nur ein einziges Auge, doch dieses konnte durch alles hindurchsehen — außer durch grauen Granit, das graue Ei der Krähe und die graue Woge, die auf dem Grund des Meeres schwimmt. Er konnte die Toten im Wasser sehen und wachte über sie; er konnte jene auf dem Land sehen, die zur See herabkamen, wenn sie den Tod in sich trugen. Mit diesen kannte er kein Mitleid. Doch er war unsichtbar, ausgenommen in der Abenddämmerung und im Morgengrauen. Er kam aus einem Grab, war selbst kein Mensch, aber lebte vom Sterben der Menschen. Es war schlimmer, zu leben und ihn zu erblicken, als tot zu seinen Füßen zu sein.

Wenn der Wahnsinn Anndra wieder verließ — manchmal nach einer oder zwei Wochen, manchmal nicht vor drei Wochen oder länger —, kehrte er über die Hügel zurück. In der Dunkelheit glitt er dann unbemerkt hinab durch das Farnkraut und die Sumpfmyrte und wartete eine Weile zwischen den verwilderten Fuchsien an der Steinmauer seines kleinen Kartoffelfeldes. Dann kroch er durch das Fenster in sein Zimmer oder kam auch durch die Tür herein und ging still in sein Bett. Einmal war Neil dort, als er zurückkehrte. Neil sprach gerade mit Anndras Schwester, die dem armen Mann den Haushalt führte. Da hörten sie ein Geräusch und das plötzliche aufgeregte Glucken der Hühner.

»Es ist Anndra«, sagte die Frau mit stockender Stimme; und sie saßen schweigend da, bis sich die Tür öffnete. Er war fünf Wochen fort gewesen, Haare und Bart waren verfilzt, sein Gesicht war totenbleich. Doch er war bereits in seine gewohnten Kleider geschlüpft und sah so aus wie der ruhige und ehrbare Mann, der er war. Die beiden, die auf ihn gewartet hatten, sprachen nicht.

»Es ist ein schöner Abend«, sagte er, »es ist ein schöner Abend und kein Wind . . . Marget, es wird Zeit, daß wir uns mehr von dem runden Käse aus Inverary besorgen.«

ULAD DER TRÄUMER

Ich erblickte den Weber der Träume, eine unsterb-
liche Gestalt aus sternäugigem Schweigen;
und den Weber des Todes, einen lieblichen Dämmer-
schein, dessen Herz eine verborgene Flamme war:
Und beide wirkten sie mit den Weberschiffchen
von Schönheit und Wunder und Geheimnis.
Ich weiß nicht, wer von beiden schöner war:
denn der Tod schien mir wie die Liebe zu sein, und
in den Augen des Traumes sah ich Freude.

I DIE SCHWERMUT DES KÖNIGS

Bei dem Bergsee, der heute als Tarbert von Loch Fyne bekannt ist, aber in früheren Zeiten der Hafen von Foray genannt wurde, hat es einmal einen *Grianân* von solch großer Schönheit gegeben, daß selbst im fernen Irland die Saiten von den *Clàrsachs* danach schwangen.

Das war in den Tagen, bevor die flachshaarigen Männer aus Lochlin in ihren Galeeren die Seen und Fjorde des Westens entlangschwärmten. Es ist so lange her, daß niemand weiß, ob Ulad sein Lied an Fand sang, bevor Diarmid der Schöne an der engen Stelle zwischen den beiden Lochs erschlagen wurde, oder ob es dann geschah, als Columbas Mönche in ihren weißen Kutten vom offenen Meer her den See der Schwäne, der heute der West Loch Tarbert heißt, hinauffuhren, um das Binnenland zu erreichen.

Doch von welcher Bedeutung ist schon die zeitliche Festlegung verstrichener Tage, wenn die Anzahl von Jahren und Generationen fallenden Herbstblättern gleicht?

Ulad war da, der Dichterkönig; und Fand, die er liebte; und Leben und Tod.

Niemand weiß, woher Ulad gekommen war. Auf den Inseln des Westens sagten die Leute, er sei ein Prinz aus dem Reich der Ultonier; dort aber, im Norden Irlands, erklärten sie ihn für einen König der Südlande. Art der Weiße, der alte, weise *Ardrigh* über die Völker, die in den Seeländern weit im Süden wohnten, sprach von Ulad als einem, der in der Nacht des Beltane-Festes unter einem einsamen Stern geboren sei und aus einem alten Land nördlich oder südlich von Muirnict komme — das ist das Meer, das die Füße von Wales und Cornwall auf der Seite des Sonnenaufgangs hat und die Felsen und Sandbänke von Armorika dort, wo das Licht den Westen rötet. Doch auf Ioua, das heute Iona heißt, gab es einen, der war noch weiser als Art der Weiße; das war Dùach der Druide, und als er nach Ulad dem Dichterkönig gefragt wurde, sagte er, daß dieser zu dem alten Volk im Binnenland von Alba gehöre, zu der alten Rasse, die noch das Volk der Götter, die *Tuatha-de-Danànn*, gekannt habe, als sie für die Menschen noch sichtbar und unsterblich waren. Die Inselleute wurden von Dùachs Worten mit Scheu erfüllt, denn welch ein Mann mußte dies sein, der noch gesehen hatte, wie Merlin verzückt durch die Wälder ging und auf einem Schilfrohr spielte, während die Wölfe um ihn herumstrichen und von oben in den grünen Dämmer des Waldes das Schlagen von Adlerschwingen hineinfuhr?

Und wer weiß etwas von Fand? Kennt selbst der verschwiegene Wind ihr Echo? Bêl der Harfner, dessen Spiel die Frauenherzen dahinschmelzen ließ wie Wachs und in den Männern entweder unerträgliche Sehnsucht hervorrief oder plötzlich hochschlagende Flammen in ihr Blut goß, sang von ihr, und so war sein Lied: daß Ulad einst nach Hy Bràsil gefahren war und dort einen Garten mit weißen und roten Blumen erblickte, die wuchsen duftend und wunderschön an der Stelle, wo der Regenbogen die diesseitige Welt berührt. Er hatte diese Blumen gepflückt, während der ganzen Nacht an seiner Brust gewärmt und, als das Dunkel sich lichtete, seinen Atem in sie hineingehaucht. Als die plötzlich durchbrechende Sonne einen aufsteigenden Strahl in das Morgengrau hineinschob, blies er einen Zauberspruch über die Fläche seiner linken Hand. Was weiße Blüten gewesen war und rosig durch seinen Atem und warm an seiner Seite wurde, war nun eine Frau. Es war Fand.

> Und die Bedeutung des Namens Fand ist eine Träne, die über das Feuer des Auges gleitet; um ihrer Reinheit willen wurde sie so genannt, und auch ihrer Schönheit wegen; und es gab nichts im Leben, womit man sie hätte vergleichen können.

Wer kann daher sagen, ob Ulad alt oder jung war, als er nach dem Hafen von Foray kam? Er besaß die uralte Weisheit der Frühzeit, und vielleicht wußte er auch, wie man sich in das grüne Leben einhüllt, das von immerwährender Dauer ist.

Niemand ahnte, daß er an jenem Ort weilte, bis einmal, am Abend eines Unglückstages, eine *Birlinn* von der Insel Arran her vor dem Sturm in den großen See-Loch von Fionn hineintrieb. Als sie das Vorgebirge hinter sich gelassen hatten, atmeten die Ruderer auf, doch dann erblickten sie etwas, was sie in Staunen versetzte: Auf der anderen Seite der Bucht, an einem kleinen Felsvorsprung an der Nordseite, lag ein wunderbar gebautes Haus, und das an einer Stelle, wo niemals ein Haus gestanden hatte; es war von einer Form, wie sie noch keiner von ihnen je gesehen hatte, so daß sie sich alle mit weitgeöffneten Augen darüber verwunderten. Die untergehende Sonne warf ihren Flammenschein darauf und ließ seine Wände erglänzen. Es war ein kleiner, runder *Grianân*, doch er war ganz aus Blöcken und Steinen von Bergkristall erbaut und wurde von vier hohen Fichtenstämmen getragen, die tief in das Tanggras und den Sand getrieben und mit Hirschhäuten und Wolfsfellen behangen waren.

Vor diesem *Grianân* sahen die Männer in der *Birlinn*, auf die sich Schweigen gesenkt hatte und deren Ruder kein Plätschern auf den schaumweißen, hüpfenden kleinen Wellen des Hafens hinterließen, einen Mann, der mit dem Gesicht nach unten lag.

Eine Zeitlang glaubten sie, der Mann sei tot; es sei einer, so sagten sie, irgendein Großer, der zu Füßen seiner Sehnsucht gestorben sei. Andere hielten ihn für einen König, der an diesen Ort gekommen sei, um allein zu sterben — so wie es Conn der Einsame getan hatte, als er alles erfahren hatte, was der Mensch wissen kann. Einige befürchteten, daß der auf dem Boden ausgestreckte Mann ein Dämon sei und der leuchtende *Grianân* ein schrecklicher Ort unter Zauberbann. Das Heulen eines Wolfes, das aus der gegenüberliegenden Schlucht drang, die Strathnamara genannt wird, trieb ihnen den Schweiß auf den

Rücken; denn wenn die halb-menschlichen Wesen Unheil über die Menschen bringen wollen, so verbergen sie ihr Gesicht, und das Geheul einer Wölfin ist zu hören.

Doch plötzlich gab der Steuermann ein Zeichen. »Es ist Ulad der Wunderschmied«, flüsterte er, heiser von dem Salz in seiner Kehle nach jenem langen, erschöpfenden Tag der Flucht; »es ist Ulad der Träumer.« Da waren sie alle froh, denn jeder wußte, daß Ulad der Wunderschmied, der ein Dichter und König war, nichts Böses gegen irgendeinen Clan hegte und überall da, wo er war, die Schwerter ruhten.

Trotzdem wunderten sie sich sehr darüber, daß er dort allein war und in diesem Schweigen und sein Gesicht der Wildnis zugeneigt hatte, während die untergehende Sonne gerade den *Grianân* überflammte, der nun wie Wein oder aufschießendes Blut in wunderbarem Licht erstrahlte. Doch als die Flut und der Wind die *Birlinn* nahe an die Küste heranführten, hörten sie ein zweifaches Geräusch aus seltsamen Lauten. Sie blickten einander mit Erstaunen an, das zu Furcht wurde. Denn der zweifache Laut kam von dem erstickten Schluchzen und Flehen des Mannes, der dort auf dem Gras lag, und von dem Lachen einer Frau, die — für die Augen verborgen — im *Grianân* war.

Donncha, der Steuermann und Anführer der Seefahrer, winkte seinen Gefährten, die *Birlinn* dicht an die Unkrautmassen heranzuziehen, die von den Felsen herabhingen. Als die Galeere, fast völlig versteckt, dort lag und der Kopf eines jeden unter dem Seegras verschwunden war, stand Connla auf und ging dorthin, wo Ulad, mit dem Gesicht nach unten, auf dem Sand und Felsgeröll vor dem *Grianân* lag. Doch bevor er noch sprechen konnte, erhob sich der junge König, obwohl er den Ankömmling nicht bemerkt hatte, und blickte auf die Sonnenlaube, in der das Gelächter plötzlich verstummt war.

Dann hob er die Arme in die Höhe, und ein Lied kam von seinen Lippen. Es war ein merkwürdiger Gesang, den Connla da hörte, und er trug in sich den Laut des Windes weit draußen auf der See oder den eines Gewitters, das über baumloses Moor zieht — traurig und wild, voll alter Klage und einem Schrei, den niemand deuten kann. Die Worte des Liedes waren dem Steuermann vertraut, und doch lag ein seltsames Leben auf den Lippen des Sängers:

Ach, du in dem Grianân dort, deren Lachen
mich wie feurige Flammen berührt,
Was denkst du von meinem Leid der Leiden
durch meine Liebe —
Die du von dem Ort zu mir kamst, wo die
Regenbogen sich bilden,
Bist du wirklich eine Frau, o Fand, die du
dort droben lachst in deinem Schweigen?

Gewiß, ich habe dich in Sturm und Stille,
bei Tag und bei Nacht geliebt,
Gewiß, ich habe meine Lieder zu einem
herrlichen Schwanengesang für dich
gemacht
Und das Leben gewagt und dem Tod
getrotzt, und der Finsternis und dem
Grab,
Und doch, o Fand, lachst du herab auf
meinen Schmerz, o Fand.

Alle Dinge habe ich freudig von mir
geworfen, nur um dich zu gewinnen —
Königswürde und Herrschaft über die
Menschen, den Ruhm des Schwertes und
alle Dinge von Wert —
Denn in dir endlich, so träumte ich, in dir,
o Fand, Königin der Frauen,
Hatte ich alles gefunden, was ein Mann nur
finden kann, und war wie die
unsterblichen Götter geworden.

Doch was nützt mir dies alles, der ich Ulad
der König, Ulad der Harfner bin,
Ulad, der Sänger von Liedern, die wie Feuer
in den Herzen der Zuhörer brennen,
Ulad der Wunderschmied, der die Winde
und Wogen bändigen kann,
Der den größten Dûn zu verwüsten oder
einen Grianân hier in der Wildnis zu
bauen vermag —

Was nützt mir dies alles, der ich nur ein
Mann auf der Suche bin,
Der für immer und ewig die Seele sucht, die
das Gegenstück zu seiner eigenen ist —
Die Seele, die du bist, o Fand, die aus
Blüten unter dem Regenbogen geboren
wurde,
Mit meinem Atem angehaucht, an meiner
Brust gewärmt, die ich liebe und verehre?

Denn alles ist wertlos für mich, nur eines nicht:
Mein Traum, meine Hoffnung, meine
Leidenschaft, meine Fand, die ich aus Hy
Bràsil gewann;

O Traum meines Lebens, mein Glanz,
o Rose der Welt, mein Traum,
Siehe, ohne dich kommt der Tod für Ulad
den König, auch wenn er von den
unsterblichen Dànann abstammt.

Und als Ulad, der so jung und wunderschön anzuschauen war, diese Worte gesungen hatte, streckte er die Arme nach Fand aus, die er doch nicht sah, da sie immer noch in dem *Grianân* verborgen war.

»Wenn selbst jetzt nicht beim Sinken des Tages«, murmelte der König, »will ich Geduld haben bis zum Herannahen eines neuen Tages, denn dann wird Fand vielleicht mein Flehen erhören.«

Und so sank die Nacht herab. Doch als der Schrei der Möwen über den See herüberkam und der klagende Ruf der Kiebitze über dem Moorland ertönte und der schwere Duft von Sumpfdistel und Farn auf der windbrüchigen Stille lag, wandte sich Ulad mit wildem Blick um, denn er spürte eine Berührung auf seiner Schulter.

Es war Connla, der ihn berührt hatte, und er erkannte ihn. Er besaß die alte Weisheit, alles zu wissen, was in den Gedanken war, wenn er in die Augen eines Menschen sah, und er wußte, wie der Mann dorthin gekommen war.

»Laß deine Männer von hier fortrudern, Connla, und weiter in den Hafen hinauffahren.«

Und weil er ein Wunderschmied war, folgte der Inselmann Ulads Gebot und stellte keine Frage. Doch als sie wieder allein waren, sagte er:

»Ulad, hoher Herr, ich bin ein Mann, der wertloser Sand unter deinen Füßen ist, der du die uralte Weisheit besitzt und jung bist an todlosen Jahren und ein großer König in einem Land, das ich nicht kenne — so sagen wenigstens die Leute. Aber ich weiß etwas, was du nicht weißt.«

»Wenn du mir ein Ding sagen wirst, was ich nicht weiß, Connla, soll dir die Sehnsucht deines Herzens erfüllt werden.«

Da lachte Connla.

»Nicht einmal du, Ulad, kannst mir die Sehnsucht meines Herzens geben.«

»Welch eine Sehnsucht wird das denn sein, du, den die Inselleute Connla den Weisen nennen?«

»Daß man im Tau sehen könnte, wie die Fußspuren der alten Jahre zurückkehren.«

»Das, Connla, kann ich nicht bewirken.«

»Und doch wolltest du etwas tun, was so vergeblich ist?«

»Sprich nun du. Ich will zuhören.«

Da trat Connla dicht zu Ulad heran und flüsterte in sein Ohr. Danach gab er ihm ein hohles Schilfrohr mit Löchern darin, so wie es das Hirtenvolk auf den Hügeln gebraucht, und damit ging er fort in die Dunkelheit.

Als der Mond aufging, nahm Ulad das Schilfrohr und spielte darauf. Da fielen Schuppen von seinen Augen, und Träume wichen aus seinem Hirn, und sein Herz wurde leicht. Dann sang er:

Komm hervor, Fand, komm hervor, schöne
 Fand, mein Weib, mein Reh,
Der Duft deines fallenden Haares ist so süß
 wie der Hauch der wilden Rose —

Mich langweilt der weiße Mondschein, denn
mehr liebe ich den weißen Schimmer
deiner Brüste,
Und das heimliche Lied der Götter ist
schwach neben dem Begehren in meinem
Blut.

Fand, Fand, Fand, du Weiße, die du kein
Traum, sondern eine Frau bist,
Komm hervor aus dem Grianân, durch das
Wort von mir, Ulad dem König;
Hervorkommen sollst du als Wölfin und
kein Weib mehr sein,
Komm heraus zu mir, Fand, der ich nun wie
eine Flamme bin, die dich verbrennt.

Darauf war ein leises Lachen zu hören, und Fand trat aus dem *Grianân* heraus. Weiß und schön war sie, die schönste aller Frauen, und Ulad war froh. Als sie ihm nahe war, flüsterte sie ihm ins Ohr, und Hand in Hand gingen sie zurück in den *Grianân*.

Beim Morgengrauen betrachtete Ulad die Schönheit der Fand. Er sah, daß sie wie eine Blume war.

»O schöner und herrlicher Traum«, flüsterte er; doch plötzlich lachte Fand im Schlaf, und er dachte an die Worte von Connla dem Weisen.

»Weib«, murmelte Ulad da, »ich sehe wohl, daß du nicht mein Traum, sondern nur eine Frau bist.« Und damit erhob er sich halb von ihr.

Fand öffnete die Augen, und deren Schönheit erschien noch größer durch das neue Licht, das darin war.

»Dann bist du nur Ulad, ein Mann?« rief sie und schlang ihre Arme um ihn, küßte ihn und schluchzte leise, wie aus einer seltsamen Freude heraus. »Ich will dir, Ulad, bis in den Tod folgen, denn ich bin die Frau deiner Liebe.«

»Ja«, sagte er und blickte über sie hinweg, »wenn ich für dich sorge und dich mein Weib nenne, Vergnügen an dir finde und dir meine Mannheit gebe.«

»Und was wolltest du sonst tun, Ulad?« fragte Fand verwundert.

„Ich bin Ulad der Einsame«, antwortete er — dies und nichts weiter.

Später griff er erneut zu dem hohlen Schilfrohr und spielte wieder darauf; und als er gespielt hatte, blickte er Fand an. Er sah in ihr Herz und ihr Hirn.

»Ich habe meinen Traum geträumt«, sagte er, »aber ich bin immer noch Ulad der Wunderschmied.«

Damit blies er einen Zauberspruch über die Fläche seiner linken Hand und sprach:

»O Weib, das du nicht zu mir kommen wolltest, als ich dich aus meinem innersten Selbst heraus rief, leb wohl!«

Und damit war Fand ein Gestöber aus weißen Blüten dort auf den Hirschfellen.

Dann sprach Ulad nochmals:

»O Weib, das du kein bitteres Flehen meines Herzens geachtet hast und schließlich nur als eine Wölfin zum Wolf gekommen bist, leb wohl!«

Und damit zerstreute ein Windwirbel die weißen Blüten auf den Hirschfellen, so daß sie hierhin und dorthin wehten; und einige wurden von dem blaß umherschweifenden Leuchtfeuer eines Regenbogens gefärbt, der über jenem Ort schwebte, wo damals wie heute so oft dieser wolkige Glanz ist, der aus Sonne und Dunst gewoben wird.

Um die Mittagszeit kamen die Seefahrer mit Liedern und Gaben zum *Grianân*.

Doch Ulad war nicht dort.

Für die Dauer von drei Jahren, nachdem Ulad um Fand beim *Grianân* am Hafen von Foray geworben hatte, sah keiner, der ihn von früher kannte, in seine leuchtenden Augen.

Manche sagten, er wäre nach Tir-n'an-Òg gegangen; andere, er wäre nach den Inseln der Sehnsucht gesegelt. Seine Galeere, so ging das Gerücht, war im Norden gesehen worden; ihr Bug wies auf jene Inseln, wo die sagenumwobenen Fomorier lebten — jene Inseln der Hebriden, die wilden Meeren, wilden Stürmen und wilden Menschen ausgeliefert sind. Andere hatten das weiße Segel mit dem gelben Stern vor der Küste von Eireann, auf dem Sonnenpfad erkannt, der im Westen unter dem Regenbogen nach Hy Bràsil hinüber liegt. Indessen sangen die Dichter von dem Einsamen König, von Fand, die er gewonnen und wieder verloren hatte, und von der Schwermut Ulads. Die schönsten dieser Lieder waren von Bêl dem Harfner — von ihm, dessen Spiel die Frauenherzen dahinschmelzen ließ wie Wachs und in den Männern entweder unerträgliche Sehnsucht hervorrief oder plötzlich hochschlagende Flammen in ihr Blut goß.

Bêl der Harfner sang von Fand. Sie war wunderschön; doch als Ulad in ihre Seele geblickt hatte, fand er dort nur den Schatten seiner eigenen Leidenschaft und das Trugbild seiner Liebe und den Spiegel seiner Einsamkeit.

Alle Männer kannten diese Geschichte, doch Bêl sang davon an den Waldfeuern und in den Ansiedlungen, wo auch die Frauen mit leuchtenden Augen zuhörten.

War sie eine Frau wie andere Frauen? fragten sie sich — sie, die Ulad in Hy Bràsil aus weißen und roten Blumen geformt und an seiner Brust gewärmt hatte, bis im Morgengrauen daraus eine Frau an seiner Seite geworden war.

Mittlerweile blickten überall dunkle Augen auf die Länder der Gälen in Eireann und in Alba. Kriege wogten hin und her. Das Schwert war wie ein Wandervogel.

Die großen Könige verloren ihr Leben: manche im Kampf, andere durch Hinterhalt oder Verrat. Die weisen *Ollavs* und die Barden schwiegen aus Furcht. Ein Laut der Klage durchlief das zerrüttete Land. In den dämmrigen Schlupfwinkeln der vorzeitlichen Wälder traf das fremde Volk, das keinen Tod kennt, im Dunkel des Zwielichtes, in der Schwärze der Nacht zusammen. Alte, vergessene Götter kamen und saßen an einsamen Teichen und starrten in deren prophetische Wasser. Die großen, todbringenden Frauen, die ihr Herz in die Hände nehmen und die schicksalhafte Musik unerfüllbarer Wünsche spielen, zogen durch die schwarzen Fichtenwälder. Zwischen den Eichen saßen nicht-menschliche Wesen, in tiefe Gedanken versunken. Seltsame Schicksalszeichen lagen auf den Bergen im Westen, Norden und Osten; aus dem Süden kamen wilde Wolkenbrüche und Gewitterstürme, ein Zittern und Beben der Erde.

Am Ende des dritten Jahres lebte kein großer König mehr.

Unheilbrütende Stammesführer belauerten einander eifersüchtig, und es gab keine Schwertgemeinschaft. Die Reichen und Armen, der Adel und das einfache Volk lebten in Furcht vor ihren Mitmenschen und in noch größerer Furcht vor Dämonen, vor Göttern, die an vergessenen Orten zusammenkamen, vor dem Lachen eines schrecklichen Volkes mit Flügeln und Federbüschen, das oft im Mondschein gehört wurde und dem immer ein Laut folgte wie von Dolchstichen und ein wildes Schreien. Wer waren jene, die dort im Mondschein lachten und Lust fanden am entsetzten Ruf verirrter Menschen? Niemand wußte es — ebenso wie keiner wußte, wer die unvermittelt aufleuchtenden Feuer auf den baumlosen Hügeln entzündete, oder woher das Echo kam, das seinen schrecklichen Hohn in den Höhlungen der Berge hinterließ.

Nur ein König hatte überlebt, doch er herrschte nicht. Colla war alt und müde. Er lebte allein in einer aus Weidenruten errichteten Hütte an dem bewaldeten Ende des großen Sees von Bandore, an dessen Spitze der König des Nordens seine Festung gehabt hatte; diese war nun verfallen und unbewohnt, von einem schwachen und ungeduldigen Volk abgesehen, denn es gab weder einen König des Nordens noch irgendwelche Feudalherren, mit Ausnahme von Colla, doch der war zu müde von Alter und Sorge.

Eines Abends saß Colla bei den Fichtenstämmen und starrte durch die Flamme in die Vergangenheit. Er hörte keinen Laut, doch hatte plötzlich die Gewißheit, daß jemand neben ihm stand.

Als er erschrocken aufblickte, sah er eine hochgewachsene Frau, größer als irgendeine andere, die er jemals gesehen hatte, und von einer furchtbaren und wundervollen Schönheit. Sie war in ein grünes Gewand gekleidet, das wie zahllose kleine Blätter um sie hing. Ihre Augen waren dunkel und schattenhaft wie Waldtümpel, doch wann immer sie sich bewegten, war darin eine Flamme wie von einer windumtosten Fackel.

»Friede sei mit dir«, sagte Colla.

»Es ist nicht Frieden, weshalb ich komme, Colla«, sagte die Frau, »sondern um dir auf meinem Herzen zu spielen, daß du Weisheit erlangst.«

Damit nahm sie ihr Herz aus der Brust und blies das Rot darin als einen blutigen Schaum heraus und spielte dann auf den sieben Saiten, die sie bloßgelegt hatte.

Als sie eine kurze Zeit gespielt hatte, hielt sie inne und richtete ihre Augen, wie zwei vom Wind erschöpfte Feuer, auf Colla. Dieser erhob sich.

»Ich weiß jetzt, was ich tun muß, Weib aus den Wäldern«, sagte er. »Doch wo soll ich Bêl den Harfner finden und wo Ulad den Träumer und wo Aithnê, die sein Traum ist?«

»Du wirst das Harfenspiel Bêls hören, wenn du nach drei Tagen in der befestigten Siedlung von Bandore zu den Menschen sprichst. Nach Bêls Spiel wird ein Echo zu hören sein, das ihm sagen wird, wo er Ulad finden kann. Doch von Aithnê kann ich dir nichts anderes sagen, als daß sie unter dem Regenbogen im Westen weilt.«

Damit wandte die Frau sich ab und kehrte in die Nacht zurück.

Bis zum Morgengrauen saß Colla und träumte von Leben und Tod. Er glitt in jenes Schattenreich, wo die

Erinnerungen mit Augen von herrlicher Traurigkeit aufbrechen. Herrschaft über Männer und Frauen, unabänderlicher ewiger Wechsel, unaufhaltsamer Verfall — darum drehte sich der Kreislauf seiner Gedanken. Er hatte das Schicksalsrad gesehen — das Rad am Streitwagen eines erschreckenden Gottes ohne Augen.

Als der Morgen kam, verließ er seinen Zufluchtsort zwischen dem Schilf von Bandore und wanderte zu der alten Festung. Dort ließ er die Kriegshörner blasen und alles Volk von fern und nah zusammenrufen: jeden Fürsten und jeden Krieger, jeden Mann, der ein Schwert trug oder Speer und Bogen führte. Alle sollten sich dort versammeln, um die letzten Worte des letzten der Könige zu hören.

Es war eine gewaltige Menschenmenge, die sich an jenem dritten Tag zur Mittagszeit eingefunden hatte. Viele Königssöhne und hohe Lords waren darunter. Sie alle waren eines herrscherlosen Reiches müde, und ihre Herzen waren schwer aufgrund der Schicksalszeichen und der Rückkehr der alten, verbannten Götter, des Aufleuchtens von geheimnisvollen Feuern und der Zusammenkunft von Dämonen, durch nächtliches Gelächter, Schreie und Prophezeiungen. Als daher Colla sagte, was er zu sagen hatte, lauschten alle mit großer Spannung. Am Ende erhob sich lauter Jubel. Selbst jene, die den Enthüllungen einer Dämonin mißtrauten, waren darüber froh, daß ein großer König gefunden werden sollte, um Herrscher über alle nordischen Länder der Gälen zu sein, und wenn Ulad lebte, so war keiner besser als er dafür geeignet, auch wenn niemand dort mehr von ihm wußte, als daß er einen berühmten Namen trug und als einer der ersten Fürsten der Welt galt, obwohl niemand sein eigenes Königreich und sein Volk kannte.

»Aber wo ist er? Wo ist Ulad der Einsame? Wo ist unser König Ulad?« rief die ganze Versammlung wie mit einer Stimme, als sich Colla auf dem goldenen Stuhl von Bandore zurücklehnte.

Da geschah es, daß ein wildsüßes Harfenspiel zu hören war.

Alle wandten sich um und blickten auf das schilfbewachsene Ende des Sees von Bandore, von wo die Musik herüberklang. Auf dem Pfad von Westen her kam ein harfenspielender Mann entlang.

Es war Bêl der Harfner.

Als er zu der weißen Klippe an der Westseite der Festung gelangte, blieb er stehen. Er schaute lange, denn seit dem Tag, als die Sieben Könige des Nordens in der großen Schlacht jenseits der Berge von Doon alles verloren, hatte er keine derartige Volksmenge und auch keine solche Versammlung von Mächtigen mehr gesehen.

Colla erhob sich und rief Bêl an.

»Heil dir, o König. Ich höre. Ruhm sei unserem verlorenen Land!«

»Spiele uns, Bêl.«

Da spielte Bêl auf seiner Harfe und sang dazu. Die Herzen aller waren wie rinnendes Wasser, als er spielte, und wie geschmolzenes Wachs, bevor sein Lied geendet hatte.

In dem Schweigen, das auf sein Singen folgte und auf das wunderbar süße Harfenspiel, dessen Geheimnis er besaß, war etwas Seltsames zu hören. Die Melodie stieg von den angeschlagenen Saiten nach oben wie eine Taube, die ihren Weg heimwärts sucht, oder auch wie bläulicher Holzrauch, wenn kein Wind geht. Sie zog gegen die Fläche der weißen Klippe und haftete dort unsicher wie mit schwachen, luftigen Klangschwingungen oder Atemzügen eines unsichtbaren Liedes.

Eine liebliche Melodie, unmitteilbar, zart wie fallender Tau, erklang von der Klippe her, wie der Hauch einer sich in Windungen drehenden Musik, die mit den unsichtbaren Maschen aus Wind und Sonne verwoben war. Niemand wußte, was sie voraussagte, noch konnte einer dort sie mit irgendwelchen Klängen vergleichen, wie sie von Sterblichen hervorgebracht werden.

Alle sahen, daß Bêl der Harfner wie in Verzückung dastand; dabei war sein eigenes Harfenspiel die wundersamste Musik, seit Cravetheen Tod auf die Liebe des Cormac Conlingas und die schöne Eilidh gespielt hatte, die er so übermäßig geliebt hatte.

»Sprich, Bêl!« rief Colla, »sprich! Denn alle können sehen, daß du etwas vernimmst in jenem Echo auf der Klippe von Bandore, was wir nicht hören können.«

Langsam blickte der Harfner sich um, langsam schritt er vorwärts. Er sprach kein Wort, bis er nahe an den goldenen Stuhl des König herangekommen war. »O König . . . du bist es, Colla aus dem Haus von Amergin dem Hochkönig, den ich tot glaubte, so wie alle anderen Könige nun in diesem müden Land, außer einem . . . O König, was wie ein Echo dort oben auf der Klippe scheint, ist kein Echo. Ich kenne jenes seltsam süße Singen.«

»Wenn es kein Echo ist, was dann ist jenes Singen und verworrene Murmeln wie von Schilfrohr im

Wind? Und wo, o Bêl, hast du jenes seltsam süße Singen gehört?«

»Ich habe jenes Singen gehört und jenes verworrene Murmeln im Wind, ja, vor langer, langer Zeit, als ich noch ein Knabe war. Auf dem Kamm einer endlosen, windgepeitschten Woge war ich seewärts getrieben worden und drei Tage und drei Nächte lang gesegelt, ohne Nahrung oder Wasser. Ich wußte damals nicht, daß das Land, wohin ich gelangte und wo ich mich eine Zeitlang aufhielt, was ein Tag oder ein Jahr oder ein Tag von vielen Jahren Dauer gewesen sein mag, Hy Bràsil war.«

Da ging ein leises Flüstern von Mund zu Mund unter allen Zuhörern. Schließlich sagte Colla:

»Dann, Bêl, ist diese süße Melodie, die nun verstummt ist, jener gleich gewesen, die vor vielen Jahren, im Lande der Ewigen Jugend jenseits des Meeres, so lieblich in deinen Ohren klang?«

»So ist es, o König. Es gibt keine, die ihr gleichkommt. Kein Mensch spielt sie, kein Mensch kennt sie. Nur die Helden in Flatheanas hören sie; sie ist wie Tau auf dem Gras in Tir-n'an-Òg, wenn dies überhaupt ein anderes Land als Hy Bràsil selbst ist. Nur jene können sie vernehmen, die bei aufsteigendem Mond ihr linkes Ohr gegen den Wind halten. Das Grüne Volk kennt sie, und die Schweigsamen, die wir nicht mehr sehen, und jene, die im Schatten leben, die vergessenen Götter und die Dämonen.«

»Und es gibt keinen, der sie spielt, keinen, der sie kennt?«

»Ich habe nur von zwei anderen außer mir selbst gewußt. Was mich angeht, so spiele ich nur ein Echo von ihr; doch ich kenne sie.«

»Und die beiden anderen?«

»Der eine war Cravetheen der Harfner, dessen Seele bei den Dämonen weilt wegen des Feuertodes, den er über Cormac Conlingas und die Schönheit der Eilidh brachte. Seine Seele ist nun eine zersprungene Harfe, auf der die Dämonen spielen, wenn sie Schönheit entwürdigt oder zerstört sehen. Denn die Zerstörung von Schönheit ist das größte aller Vergehen, o König.«

»Und der andere?«

»Der andere ist Ulad der Träumer, von dem ich so oft gesungen habe, Ulad der Einsame. Und aus dem gleichen Grunde sind die von der Klippe ausschwärmenden Klänge von Ulad und keinem anderen gewesen.«

»Sag uns das verborgene Wort. Sprich ohne Furcht. Was mich betrifft, so herrsche ich hier nur solange, bis der *Ardrigh*, der Hochkönig, kommen wird.«

»Das Lied war etwa dieses, obwohl meine Worte, o Colla, wie Fledermäuse hinter den braunen Vögeln her sind, die in der Nacht singen . . .«

In den wilden westlichen Ländern
Des schaumgepeitschten Alba
Wartet Euer Hochkönig,
Der vorherbestimmt ist und würdig.
Ulad ist sein Name,
Ulad der Einsame:
Groß ist sein Ruhm,
Denn er ist ein König von Geburt an,
Ein König unter Kriegern.
Berufe ihn zur Herrschaft,

O Volk von Eireann,
Damit nicht ungezählte Leiden
Dich weiter verfolgen,
Bis Lagerfeuer und Dûns
Und befestigte Siedlungen an grünen Orten
So selten in Eireann geworden sind
Wie Helden und Könige!

Als Bêl der Harfner geendet hatte, erhob sich ein großer Jubel. Schwerter sprangen in die Luft.

»Ulad, Ulad!« riefen alle. »Geh fort, Bêl, und bring uns Ulad, unseren König zurück.«

Da trat Colla einen Schritt vor.

»Hört, du, Bêl, ihr Krieger und alles Volk! Ich werde hier den Frieden bewahren bis zu dem Tag, wenn Ulad der König mit Bêl dem Harfner zurückkehren wird, um *Ardrigh* zu sein über alle nordischen Länder der Gälen, von den beiden Meeren und der engsten Stelle in Eireann bis zu den Küsten von Alba und den Inseln des Nordens.«

Und so geschah es.

Und ich sah noch einen dritten Weber.
Auch er hob die drei Weberschiffchen von Schönheit und Wunder und Geheimnis und wirkte einen Dunst von Regenbogen.
Regenbogen um Regenbogen wob er aus dem Glanz dieses Dunstes, und einen jeden sandte er aus, über die Wüste der menschlichen Seele zu treiben und entlang jeder Straße des zurückweichenden Glaubens und in jedes Tal von zerronnenen Träumen hinein.

II DER GLANZ DES KÖNIGS

Während der drei Jahre, die auf die Ankunft von Ulad in Bandore folgten, herrschte Frieden in allen Ländern des Nordens. Die tributpflichtigen Unterkönige legten ihre Schwerter beiseite. Speer und Bogen stillten ihren roten Durst nur noch auf der Jagd. Überall stieg blauer Rauch auf, aus den großen Tälern und den Küstenmulden, aus den Flußsenken im Binnenland und den Wäldern. Das grüne Korn reifte zu gelber Ernte; die Nachmahd verlief friedlich, ohne Gerüchte von Kämpfen und Zwistigkeiten. Winter, Frühling, Sommer, Herbst: von Weiß zu Braun, von Braun zu Gelb, von Gelb zu Grün, von Grün zu Rost. Jede Jahreszeit kam und ging, wie es der Ordnung entsprach, fröhlich und willkommen.

In den Waldgehöften und den großen befestigten Siedlungen auf der Ebene entwickelten sich die Menschen langsam nach dem Vorbild Ulads heran. Die weisen *Ollavs* lehrten ein Leben des Friedens und guter Taten; die Dichter sprachen von der großen Vergangenheit, von Helden, schönen Frauen und von einem leidenschaftlichen Leben, und alle sangen in ihren Liedern von der Schönheit des Traumes.

Lange, lange danach wurde diese Zeit als das goldene Zeitalter besungen. Mit sehnsuchtsvollen Augen hat so mancher Träumer begeistert seinen rückwärts gewandten Blick auf jene Tage gerichtet, als Männer und Frauen Liebe und Freude kannten in tiefem Frieden und zu den Zauberklängen des Traumes.

Doch selbst in jener Zeit wurde die Einsamkeit Ulads zu einer sprichwörtlichen Redensart.

Alle Menschen waren fröhlich — nur Ulad der König nicht. Er lebte für sich allein und zurückgezogen, der seltsame Dichter. Vergeblich rühmten die Männer seine großen Taten; vergeblich sangen die Barden von seinem Harfenspiel, von dem es hieß, daß es selbst jenes von Bêl noch übertreffe; vergeblich boten die Frauen ihm weiße Arme, klopfende Herzen, sanfte Flammenaugen.

Von seinen großen Taten sprach er wenig, und das leere Gerede darüber machte ihn müde; denn sein ganzes Herz sehnte sich nach der einen großen Liebe, von der er träumte. Und wenig Trost gab ihm das Singen der Barden oder das sanfte Spiel von Harfen und Rohrflöten, erklang doch bei Tag und bei Nacht eine lieblichere und verwunschenere Melodie in den einsamen Schluchten und verlassenen Schattentälern seiner Seele. Hochgewachsene Frauen, anmutig und schön, hätten ihm Freude geben können; doch seitdem er Fand mit der Kraft seines Willens getötet hatte, konnte er die Liebe keiner Frau mehr suchen.

Es gab nur eine einzige Frau auf der Welt für ihn — und von dieser war ihm nichts als Schweigen und Erinnerung geblieben.

Niemand außer Bêl dem Harfner kannte die Geschichte von Ulads Liebe, und so hat sie sich zugetragen:

Im Frühling des Jahres, das auf das Verschwinden der Fand folgte, kam Ulad der Einsame an einen großen Fjord im fernen Norden von Alba. Dort begegnete er Aithnê, der Frau, von der er geträumt hatte. Sie war die Tochter eines Lords von den nördlichen Inseln, Cormac von den Felsen, der so hieß, weil sein *Dûn* auf dem mittleren von drei hohen Gipfeln am südlichen Ende einer lieblichen grünen Insel lag.

Ulad liebte Aithnê von der Stunde an, als er sie zuerst sah. Sie war hochgewachsen und flink wie ein Reh; ihr dunkles Haar floß über ein Gesicht von so großer Schönheit, daß sich Ulads Herz bei ihrem Anblick schmerzhaft zusammenzog. Ihre Augen waren von einem glänzenden grau-grünen Nußbraun, wie die sonnenbestrahlte grüne Wölbung einer Woge über dem Sand, doch oft verdunkelten sie sich zu einer sanften, taufeuchten Dämmerung. Ihr blumengleiches Gesicht war schön wie das der Deirdrê oder Grainne oder Blanid — doch noch mehr erfüllt von Traum und ekstatischer Freude als selbst das von jener, deren Augen den Tod des Naois entzündeten; es war noch weitaus lieblicher als das von jener, für welche Diarmid alles aufgab, und schwermütiger von übermäßiger Freude als das von jener, vor der das Leben eines Mannes zu einer Flamme wurde. Ja, dachte Ulad, sie war von der unerreichten Schönheit jener Eilidh, Königin der Frauen, mit der Isla der Sänger fortgeschwommen war im Morgengrauen, das auf einen unheilvollen Tag folgte, seewärts, dem Sonnenaufgang entgegen. Und sie war schön und wild und traumgleich wie Fand, die er aus weißen und roten Blüten vom Fuße eines Regenbogens in Hy Bràsil geformt hatte.

Und Aithnê? Sie liebte Ulad. Ihr ganzes Leben wandte sich ihm zu. Er war der Sänger ihrer Lieder, der Träumer ihrer Träume, ihr Held und König.

Die Stunde kam, in der er endlich sprach. Es war in der Abenddämmerung, auf einer Lichtung, im Anblick der rollenden Meereswogen. Worte schwammen an ihr Ohr und ertranken in leidenschaftlichem Schweigen. Sie kamen zueinander wie zwei Flammen, die zu einer werden.

Später erzählte er ihr von Fand. Dann sprach er von Eilidh, die Isla der Sänger, ein Verwandter von ihm, geliebt und gewonnen hatte; und die er um ihrer königlichen Schönheit willen und wegen der großen Tiefe und des Wunders ihrer Liebe unsterblich gemacht hatte im Gedächtnis der Menschen.

»Und sieh«, flüsterte er schließlich, »Fand ist wirklich nur ein Traum gewesen — der leere Schaum auf der fließenden Woge meines Traumes. Aber du, Aithnê — du bist mein Traum selbst.«

Sie seufzte und preßte ihr Herz an seines. Er hörte ihre Stimme, so wie man Wassertropfen durch das Moos sickern hört neben dem brausenden Tosen eines reißenden Gebirgsstroms.

»Und du, Ulad . . . du bist Ulad!«

In dem tiefen Schweigen, das sich anschloß, lebten sie, in einem schattenhaft vorübereilenden Augenblick, ein ganzes Leben. Dann teilten sich plötzlich die Zweige einer niedrigen, weit ausladenden Eiche. Ein Mann trat hervor. Es war Olg, Brudersohn des Cormac von den Felsen.

Er richtete seine finsteren Augen auf Aithnê, doch Ulad blickte er nicht an, obwohl die Worte, die er sprach, für diesen bestimmt waren.

»Die flachshaarigen Männer sind über uns«, sagte er nur.

Ulad zog seine Hand, mit der er Aithnês Hand umklammert hatte, zurück. Dann senkte er plötzlich den Kopf und preßte seine Lippen auf die weiße Blume, die er gehalten hatte.

Lautlos trat Olg vor. Mit seiner Speerspitze zog er Blut aus seinem Arm und ließ es in die Höhlung seiner rechten Hand tropfen. Dann, immer noch ohne ein Wort zu sagen, goß er dieses zwischen Aithnê und Ulad und berührte Ulads Brust mit einem blutigen Finger.

Aithnê wurde bleich und trat zurück; doch ihre Augen flammten auf.

Ulad stand einen Augenblick nachsinnend da. Dann beugte er sich vor, nahm Aithnês Hände in seine und küßte sie auf den Mund.

»So sei es, Olg, Sohn des Olg«, sagte er.

Auf diese Weise schieden Ulad und Aithnê voneinander und wußten, daß Olg eine tödliche Fehde zwischen sich selbst und Ulad gelegt und Blut vergossen hatte, damit zwischen Ulad und Aithnê für immer eine abgrundtiefe Kluft sei. Am Morgen des nächsten Tages würden die beiden Männer gegeneinander antreten. Doch jetzt war Nacht, und die flachshaarigen Krieger waren gekommen.

Als der Mond aufging, sangen die Schwerter und

Speere ihr wildes Lied. Tief war ihr Durst, und bei keinem blieb er ungelöscht in jener schreckensvollen Schlacht des Aufgehenden Mondes.

Ein grauer Morgen, der von rötlichen Streifen durchzogen war, so als flatterten zerfetzte Banner über unsichtbaren himmlischen Kriegsheeren, setzte dem Kampf ein Ende, der auf dem Moor, an den Hügelhängen und der Küste angedauert hatte, bis die Sterne blaß verschwammen und in Licht getaucht untergingen.

Überall waren die flachshaarigen Männer aus dem Norden, doch jetzt waren sie still geworden. Auf dem Heidekraut, neben Granitblöcken, auf wellenumspülten weißen Felsen lagen ihre reglosen Körper; auf ihren Lippen war kein Kampflied und in ihren blauen Augen kein Feuer mehr. Die aufgehende Sonne verwandelte ihre Locken in fahles Gold und legte eine schwache Röte auf ihre bleichen Gesichter. Hinter ihrer schweigenden Stirn waren keine Gedanken oder Wünsche mehr, sondern nur noch das Eisen der Speerspitze oder die Natternzunge des gefiederten Pfeils.

Die Flut des Kampfes war bereits zugunsten von Lochlin verebbt, als beim ersten Grauen der Finsternis eine Flotte von dreißig Galeeren aus dem Norden der Insel gekommen war und die Wikinger überrascht hatte. Ihre Wellenreiter strandeten, und nur zwei von ihnen konnten deshalb entkommen, weil hier und dort ein leichter Dunst über der See trieb.

Gewiß, eine verebbende Flut — doch eine Flut, die der Tapferkeit der Männer aus Lochlin einen gewaltigen Tribut gebracht hatte. Cormac von den Felsen und seine fünf Söhne und die meisten seiner Blutsverwandten mit mehr als zweihundert seiner Clansleute waren in jener Schlacht des Aufgehenden Mondes gefallen. Dreimal wäre alles verloren gewesen ohne den Ruf und die Kampfeskraft Ulads. Auf diesem Schlachtfeld gewann er seinen Namen »der Bruder des Todes«.

Als alles vorüber war, suchte Ulad nach Aithnê. Nirgendwo im oder nahe dem großen *Dûn* von Cormac oder in der Wohnsiedlung an dem See im Landesinneren war eine Spur von der Tochter des Königs. Drei Tage und drei Nächte lang suchten die Männer wie Spürhunde jede Höhle, jede Schlucht, jede Talenge ab, liefen von Baum zu Baum in den Wäldern, von Felsblock zu Felsblock auf den Hügeln — doch vergeblich.

Viele Inselgaleeren lagen tief im grünen Wasser neben den Schiffen der Wikinger, doch weder dort noch irgendwo anders wurde der Körper von Olg gefunden; denn auch er war verschwunden. Von allen Bewohnern der Insel, unter den Erschlagenen, den Verwundeten und Unverletzten, wurden im ganzen neun vermißt — Aithnê, Olg und sieben Männer aus seinem Gefolge.

Es wurde befürchtet, daß Olg, von einer unheilvollen Ebbe des Kampfes fortgerissen, zu fliehen versucht hatte und Aithnê retten wollte, daß aber ihr Schiff von einer der Wikinger-Galeeren versenkt worden war.

Nur Ulad wußte in seinem Herzen, daß Aithnê noch lebte. Konnte der Tod sie ereilen, ohne daß er davon wußte?

Woche um Woche verging. Nicht eine Spur der Vermißten wurde gefunden, nicht das leiseste Gerücht drang von einer der Inseln oder vom Festland herüber.

Sechs Monate lang, und bis in den tiefsten Winter hinein, gönnte sich Ulad keinen einzigen Tag der Ruhe in seiner Suche. Er segelte zu jeder Insel und an den wilden Küsten von Alba entlang, vom Kap der Stürme bis dorthin, wo weißer Schaum auf dem Moyle liegt. Als dann der erste Hauch des Frühlings sanft über den Schnee auf den Hügeln und das Treibeis auf den Seen wehte, fuhr er auf unbekannten Meereswegen zu den nördlichen Inseln der Normannen und später nach Lochlin selbst.

Als ein Jahr seit der Schlacht des Aufgehenden Mondes vergangen war, wußte er immer noch nicht mehr von Aithnê. Nirgendwo hatte er eine Spur der Flüchtigen gefunden; von keinem Menschen in irgendeinem Lande, weder von Gälen noch Pikten noch Normannen, hatte er ein Wort gehört über die schöne Tochter Cormacs von den Felsen, und auch nicht über Olg den Schwarzbraunen. Trotzdem wußte er, daß Aithnê noch lebte.

In jenem Sommer und auch während der zwei Jahre danach wurde Ulad von keinem aus seinem Volk oder seiner Gefolgschaft gesehen. Doch in allen Ländern, die er auf der Harfe spielend und singend bereiste, war nur ein Lied auf seinen Lippen, das hinter allen Liedern lag, die er sang — das Lied seiner Sehnsucht; und nur eine Melodie war in seinem Herzen — die Musik von der Schönheit der Aithnê und seines unvergänglichen Traumes.

Als der dritte Frühling leuchtend aus wolkendurchwebtem Blau und an den feuchten, grünen Lärchensprossen hervorkam, kehrte Ulad nach Alba zurück.

Sein Herz war müde, aber immer noch gab er seine Suche nicht auf.

Mit der ersten Sommerhitze erfaßten ihn Schwäche und Verzweiflung. Die Schönheit der Welt flüsterte Tag und Nacht von ihr, deren Schönheit ihm ein Stern war, seine Freude und Kraft, sein Traum und sein Leben.

Als er einmal in der Abenddämmerung durch die Wälder am großen See des Fionn ging, blieb er ganz unvermittelt stehen; das Blut wich aus seinem Herzen und schlug in raschen, heftigen Schlägen gegen sein Hirn. Vor ihm am Strand kauerte ein Mann neben einem Feuer und sang vor sich hin, während er dabei zusah, wie das Wildfleisch von der Glut gebräunt wurde; und eines der Lieder, die er sang, hatte Ulad selbst verfaßt, es der Aithnê gesungen und ihr zugeeignet, weil sie und keine andere zu Recht den Namen »Herz der Schönheit« trug.

O, wo sind deine weißen Hände,
  Herz der Schönheit?
Sie sind wie weißer Schaum auf
  überspültem Sand,
  Herz der Schönheit!
Sie sind wie weiße Schwäne über
  dämmrigem Land,
  Herz der Schönheit!
Sie sind wie Zauberstäbe, deine
  weißen Hände,
  Herz der Schönheit!
Vom Licht der Morgenröte bis zum
  Dämmergrau des Abends,
  Herz der Schönheit!

Höre ich die unsichtbaren Wogen an
 ungesehenen Stränden,
 Herz der Schönheit!
Sehe die Sonne über schattigem Land
 aufsteigen und untergehen,
Doch niemals, niemals, niemals
 deine weißen Hände,
 Herz der Schönheit!

Zitternd, von einer großen Furcht und noch größeren Hoffnung erfaßt, kam Ulad lautlos näher heran.

Der Mann sprang erschrocken auf seine Füße. Er hatte einen dürren Zweig krachen hören. Als er Ulad erblickte, ließ er seinen Speer an die Seite sinken.

»Ich will dir nichts Böses«, sagte Ulad langsam, »doch ein Ding will ich von dir erfahren.«

»Das sehe ich wohl«, antwortete der Mann, »und was die Sache angeht, die du wissen möchtest, so sprich.«

»Es ist folgendes: Wann und wo und vom wem hast du jenes Lied gehört?«

»Ich hörte es von den Lippen des Derg, dem Sohn des Teig, Sohn des Derg von den Drei Furten. Es war an einem Ort nicht weit von hier, nahe dem *Grianân* an der Westküste des Sees, der Hafen von Foray heißt. Dort hat, wie Bêl der Harfner singt, Ulad der Dichterkönig die Fand umworben, die er aus roten und weißen Blüten geformt hatte, und dort ist sie, wie eine gepflückte Blume, gestorben.«

»Und was ist mit Ulad?«

»Er hat übermäßig geliebt, und so ist auch er gestorben.«

»Ist er wirklich tot?«

»So sagen die Leute. Doch er ist nicht bei dem *Grianân* gestorben, wo Fand über seinen Schmerz lachte, wie einige Barden singen. Denn von Derg, dem Sohn des Teig, der mir jenes Lied weitergab, habe ich gehört, daß Ulad der Einsame seinen Tod fand auf den fernen Inseln des Nordens nach der Schlacht des Aufgehendes Mondes, in der Cormac von den Felsen und die meisten seiner Blutsverwandten erschlagen wurden.«

»Und wann hat Derg, Sohn des Teig, dir dieses Lied weitergegeben?«

»Das war in der Neumondnacht; nun hat der Mond wieder die Form einer Sichel.«

Ulads Herz pochte, und er sah den Mann mit seltsamem Blick an.

»Wie heißt du?« fragte er schließlich.

»Coran, und wegen meiner Schnelligkeit werde ich auch Coran-Cù genannt.«

Bei diesen Worten zog Ulad eine Klinge aus seinem Gürtel, deren Griff aus Bernstein war.

»Nimm dies, Coran der Hund, und behalte es zur Erinnerung an mich, Ulad den Einsamen, denn eine wichtige Nachricht hast du mir heute gebracht.«

Coran verneigte sich vor ihm und blickte mit staunenden Augen in das Gesicht von jenem, dessen Name in so vielen Liedern von Liebe und Kampf besungen wurde.

»Erzähle mir, Coran, von diesem Derg, Sohn des Teig.«

»Er gehörte zu denen, die nach der Schlacht des Aufgehenden Mondes entkamen. Manche behaupten, daß alle Inselbewohner in jenem großen Kampf starben mit Ausnahme der wenigen, die mit Olg,

Sohn Olgs des Blinden, dem Bruder Cormacs von den Felsen, geflohen waren. Alle ertranken an einer unbekannten Küste, nur Derg nicht und Olg und Aithnê, die Tochter Cormacs von den Felsen.«

Ulad neigte sich vor wie ein Spürhund, wenn die Witterung auf der Fährte stärker wird.

»Und Aithnê . . . Olg und Aithnê . . . sind sie . . . waren sie auch am Hafen von Foray?«

»Nein. Derg lag dort wegen seiner Verwundung. Aithnê war mit ihm und sieben anderen Männern von jenem Ort dorthin gekommen, wo sie mit Olg dem Schwarzbraunen lebte, der nun König eines Landes geworden war, von dem ich nicht weiß, wo es liegt. Sie kam an den See, um zu sterben, denn sie wußte aus den Liedern der Dichter, daß Ulad, den sie liebte, dort die Blume, die Fand war, in tote Blüten verwandelt hatte. In Wahrheit wird sie vielleicht gehofft haben, dich wiederzutreffen, Ulad, denn es heißt, daß du nicht zu jenen gehörst, deren Staub in der Erde liegt.«

»Und weiter?«

»Dann verfolgte Olg sie, kam zum Hafen von Foray und forderte sie auf, zu ihm zurückzukehren, da sie sein Weib sei. Doch sie antwortete, daß sie frei sei, obwohl er sich ihren Körper unterworfen habe, und nur Ulad liebe — und das, ob er noch lebe oder nicht. Außerdem schwor sie bei Sonne und Wind, daß sie sich töten würde, wenn Olg ihr noch weiter nachstellte.

'Kannst du denn nicht zwei Männer lieben, Aithnê?' rief Olg, denn er wollte sie besitzen, die er zu seinem Weib gemacht hatte.

'Lieber wollte ich sterben', antwortete sie. 'Denn es gibt nur eine Liebe, die alles andere übertrifft und die wie das Leben selbst ist. Es ist Ulad, den ich liebe, und ich werde von nun an keinem anderen Mann gehören — nein, selbst dann nicht, wenn Ulad mein König nichts anderes mehr wäre als windverwehter Staub.'

'Ulad ist tot, Aithnê', rief Olg wieder, und er schwor den Todeseid bei dem Mond.

Doch Aithnê ging nicht auf seine Worte ein. Sie sagte nur: 'Wenn er noch lebt, so werde ich meinen König finden. Wenn er tot ist, so erwartet er mich. Es gibt nur eine Liebe.'

Da versuchte Olg, an Land zu gehen und Aithnê zurückzuholen, die er zu seinem Weib gemacht hatte. Doch Derg und jene, die bei ihm waren, kämpften um die schöne Tochter des Cormac — das Herz der Schönheit, wie du sie selbst genannt hast, Ulad. Und in jenem Kampf wurde Olg, geschwächt von offenen Wunden, zurückgetrieben und tödlich getroffen. Aithnê und die drei Männer, die nicht erschlagen wurden — doch ohne Derg, den sie sterbend zurückließen — segelten westwärts.«

Hier schwieg Coran, so als hätte er nichts mehr zu sagen. Doch Ulad drängte heftig in ihn, und er erzählte alles. Er war auf Derg gestoßen und hatte seine Wunde gepflegt. Derg hatte ihm erzählt, wie er am Morgen eine Galeere mit dem Kiel nach oben vorbeitreiben sah und daher wußte, daß Aithnê und ihre Begleiter in der Höhlung einer Woge dem Tod ins Angesicht geschaut hatten. Danach war er noch eine Weile bei Derg geblieben, und von ihm hatte er jenes Lied gehört. Dann war ein Schatten durch Derg gegangen, und er starb.

Ulad senkte den Kopf. Seine Hoffnung war wie ein

verwundeter Vogel, der am Boden flattert. Trotzdem erinnerte er sich daran, was Aithnê gesagt hatte, und war froh. Doch er sprach nichts anderes als: »Wirklich, Coran, es gibt nur eine Liebe. Alles andere ist nichts als ein Schatten«, und nur zu sich selbst flüsterte er: »Wenn sie noch lebt, so werde ich meine Königin finden. Wenn sie tot ist, so erwartet sie mich. Es gibt nur eine Liebe.«

Von diesem Tag an träumte Ulad seinen Traum; er vergaß darüber den Krieg und den Sitz der Weisheit, die Gemeinschaft der Gehöfte, der befestigten Siedlungen und Türme und lebte nur mit seinen Gedanken und Träumen bei dem *Grianân* am Hafen von Foray — und das bis zu dem Tag, als Bêl der Harfner kam und ihn herausführte, damit er Hochkönig über alle nordischen Völker der Gälen sei.

Während der drei Jahre, in denen Ulad Hochkönig war, herrschte in der Tat ein tiefer und wunderbarer Frieden im ganzen nördlichen Gälentum. Alles vollzog sich geordnet und nahm einen guten Ausgang. Doch der König litt; tiefer Kummer nistete in seinem Herzen zu jeder Tagesstunde, ob er nun in den Wäldern oder auf den Hügeln jagte, die jungen Männer in dem edlen und ritterlichen Leben des Schwertes und des Friedens schulte, im Rat saß, den Barden oder den Geheimnissen von jenen lauschte, welche den Göttern dienten, ob er ging, aß oder ruhte, auf der Harfe spielte, allein umherwanderte oder einsam seinen Erinnerungen nachhing; und im Leiden schloß er jede Nacht seine Augen.

Denn es gibt nur eine Liebe.

Was nutzte der Glanz des Königs dem König selbst? Kannte er nicht nur einen Glanz — Aithnê? Hatte er nicht nur eine Sehnsucht — Aithnê? Gab es für ihn nicht nur eine Freude, eine Hoffnung und einen Frieden?

Es kam ein Tag, als ein Gerücht zu ihm drang, daß weit im Süden von Eireann eine wunderschöne Königin mit einem großen Fürsten, Artân, lebe und die Tochter eines toten Königs von den Inseln sei. Der Mann, der das Gerücht mit sich brachte, sagte außerdem noch, daß sie Aithnê genannt werde.

Ulad sann eine Weile nach; doch dann wußte er, daß seine Aithnê nicht jene Königin sein konnte, denn sonst wäre sie zu ihm gekommen. Es gibt nur eine Liebe.

Trotzdem sandte er Bêl den Harfner in die südlichen Länder mit dem Auftrag, ihm Nachricht von dieser Königin zu bringen.

Als nach seinem Aufbruch der Mond zum drittenmal wieder zunahm, ertönte in Bandore erneut die Musik von Bêls Harfe. Es entsprach der Wahrheit, daß die Gemahlin des Artân Aithnê hieß und schön und anmutig war. Doch neben der Schönheit jener Aithnê, die Ulad liebte, war die ihre so wie das farblose Angesicht des Februar neben dem prachtvollen Glanz des Juni.

So standen die Dinge, bis das dritte Jahr von Ulads Oberherrschaft vergangen war. Am ersten Morgen des vierten Jahres kamen die Ältesten unter den Männern von Rang, die Priester und die Barden mit der Bitte zu Ulad, sich eine Königin zu nehmen. Jede schöne unverheiratete Frau wäre gern Ulads Gemahlin geworden; und in jener Zeit gab es sieben Frauen von so großer Schönheit, daß sie von den Barden als die Sieben Rosen des Gälentums besungen wurden.

Ulad lauschte ihren Worten. Als sie geendet hatten, sagte er:

»Es gibt keine Frau in allen Ländern der Gälen, durch deren Augen die Schönheit der Augen von Aithnê, Tochter Cormacs von den Felsen, auf die ich Jahr für Jahr sehnsuchtsvoll gewartet habe, für mich verblassen kann. Mein Traum hält mich zurück.«

»Trotzdem, Ulad!« drängten sie ihn. »Die Aithnê deiner Liebe ist sicherlich schon seit langem tot. Unter tausend schönen Frauen ist gewiß eine, die du zur Gemahlin haben möchtest. Pflücke, welche auch immer du willst, von den Sieben Rosen der Gälen. Ja, wenn dir das Herz danach steht, so führe uns in den Krieg gegen diesen Artân, König im Südland, und nimm dir seine Königin Aithnê, die sich vielleicht doch noch als jene erweisen mag, die du verloren hast.«

»Es gibt nur eine Liebe«, entgegnete Ulad darauf und wandte sich müde von denen ab, die gesprochen hatten. Gleich danach ging er in den Wald hinter dem großen *Dûn* von Bandore und blieb dort mit seinem geheimen Schmerz und seiner bitteren, unerfüllten Sehnsucht, bis der Tau kühl auf seiner Stirn lag und die Sterne mit feierlichen Zeichen unverzichtbarer Träume die Nacht erfüllten. Endlich kam die Morgendämmerung, rosenrot und grau. Da kehrte er an seinen eigenen Ort zurück und zu dem ermatteten Glanz des Königs, zu seinem geheimen Kummer und seiner bitteren, unbezwingbaren Sehnsucht.

Eines Abends kam der bejahrte Colla zu ihm.

»Ulad«, sagte er nach langem Schweigen, »auch ich habe die dunkle Krone des Leidens gekannt. Auch ich bin König gewesen, und nun bin ich alt mit der überaus schweren Bürde der Jahre. Vielleicht kann ich deshalb in dein Herz hineinblicken. Ich sehe dort ein dunkles und einsames Leiden. Doch ich sehe auch, daß du ein König bist und, wenn auch unwillig, das tun wirst, was du zu tun hast.«

»Höre, Colla mit dem Weißen Haar. Als ich jung war, hielt ich mich eine Weile bei dem größten Fürsten unter den Herrschern der Menschen auf. Das war jenseits des Meeres, im Lande der Kymren. Als ich meinen Abschied nahm, bat ich ihn darum, seine Hände auf mich zu legen und mir das eine zu wünschen, das ich brauchte. Er wünschte mir weder Glück noch großen Reichtum noch Ruhm oder Sieg im Kampf, weder die Liebe der Frauen noch große Weisheit noch die Gabe des Singens oder den Traum des Träumers, sondern sagte mir folgendes: 'O Träumer von Träumen, dies will ich dir wünschen — die Stärke, bis zum Ende auszuharren.' Und daher, Colla mit dem Weißen Haar, denke ich oft an das Wort jenes Fürsten unter den Menschen.«

Da ging Colla, ein wenig getröstet, davon. Doch in seinem Herzen wußte er, daß Ulads Stunde über irgendeinen entfernten Hügel oder durch tiefe Wälder rasch näherkam.

Er wandte sich um und wollte den König noch einmal anreden. Doch Ulad blickte gen Westen, und seine Augen waren vom Glanz seines Traumes erfüllt.

Von diesem Tag an kam eine wachsende Schwäche über den Hochkönig, doch es war keine Schwäche des Körpers . . .

Das Fest des Friedens rückte näher, und jedermann bereitete sich freudig darauf vor. Auf den Lippen eines jeden Barden in den Reichen des Nordens lag der Glanz des Königs. Alle träumten von einem mächtigen Königreich, das noch kommen sollte; doch Ulad träumte nur von einem Königreich hinter dem Regenbogen.

Als sich einmal der Tag gelblich neigte, während die Blätter fielen, saß Ulad in einem großen geschnitzten Stuhl außerhalb des *Dûn*. Keiner von denen, die um ihn waren, sprach. Alle sahen, daß der König seinen Traum träumte. Bêl der Harfner hatte auf der Harfe gespielt. Im dämmrigen Land der Klänge hatten alle dort ihren Wünschen nachgehangen, und Ulad sehnte sich mit altem Kummer, mit bitterem, ungestilltem Durst seines wehen Herzens.

Zögernd schlug Bêl die Saiten von neuem an, doch plötzlich hielt er unvermittelt inne. Alle blickten auf ihn. Die Augen des Barden waren auf einen gerichtet, der, in Grün gekleidet, langsam aus dem Wald herausschritt.

Als er näherkam, spielte er leise auf der kleinen Harfe, die er bei sich trug. Keiner rührte sich, so süß war sein Spiel. Nur Bêl seufzte, und Ulads Augen verdunkelten sich.

Er spielte bloß das Lied eines Vogels im Mondschein — es war ebenso ergreifend und ebenso kurz wie dieses. Doch als der Grüne Harfner geendet hatte, stand Bêl auf, warf seine eigene Harfe fort und neigte den Kopf. Dann hob er ihn wieder und schaute Ulad an.

»Die Stunde wartet, o König«, sagte er dann.

Doch Ulad gab keine Antwort. Seine schattenumwölkten Augen waren in unverwandter Aufmerksamkeit auf den gerichtet, der aus dem Wald hervorgetreten war, den niemand kannte und der ein seltsames Leuchten auf seinem Gesicht hatte, das von innen kam, und dessen schwaches Lächeln dunkle Erinnerungen an aufspritzende Wogen und den salzigen Tanggeruch von Inselküsten in ihm wachrief.

»Die Stunde ist gekommen«, sagte Bêl der Harfner noch einmal; doch schon während er sprach, hatte der Grüne Harfner wieder zu spielen begonnen.

Bei diesem Spiel glitten alle, die lauschten, in das Schattenland des Traumes hinüber. Einige schauten darin Freude und tändelten damit; andere Frieden und warben darum; manche Liebe oder Ehre oder Reichtum. Starke Männer saßen sinnend da, vergaßen das Schwert, achteten nicht auf das Jagdhorn und wußten nur noch um das Lied von tiefem Entzücken, von einem noch tieferen Frieden, von einem Traum im Traum. In den Herzen der Frauen versanken Tränen und Wünsche in einem Nebeldunst, und daraus stiegen weiße Tauben und herrliche, regenbogenfarbene Traumbilder der Sehnsucht auf. Schweigen lag auf jedem Busch, über jedem Baum. Nicht ein Vogel bewegte sich; die wilden Tiere des Waldes standen still; die Rehkälbchen zitterten, denn ihr ganzes Leben war in ihre staunenden Augen zurückgeflossen. Der Fuchs blinzelte schläfrig zwischen den Eichenwurzeln. Auf jedem Lebewesen lag Traum.

In jener Stunde starb Bêl der Harfner. Er hatte noch einmal seine Jugend geschaut. Von allen Menschen dort, außer Ulad, durfte vielleicht nur er das geheime Lied erkennen und verstehen, was der Grüne Harfner spielte. Und in Wahrheit wußte er auch darum. Das Lächeln war noch auf seinen Lippen, als er, unsichtbar für alle dort, die nur seinen Körper ausgestreckt im Gras liegen sahen, rasch über eine blumenbewachsene Lichtung in Tir-n'an-Òg schritt und wieder in der Schönheit der Jugend erstrahlte und immer wieder freudig den Namen einer Frau rief.

Und Ulad . . . auch er hörte und verstand. In jenem Spiel sah er wie ein großes Traumbild das Gesicht der Aithnê und hörte das ferne Echo ihrer rufenden Stimme.

Niemand sah ihn gehen. Der in dem goldenen Stuhl saß, bewegte sich nicht; und doch stand Ulad auf und ging an allen dort vorbei. Der Grüne Harfner lächelte und schritt vor ihm in den Wald hinein. Sie zogen weiter, verließen das Waldesdunkel und gingen über den Sattel des sanften, grünen Hügels, der nach Westen blickte.

Jenseits davon lagen das ganze Land und die ferne See in einem goldenen Nebeldunst. Ein Regenbogen wölbte sich in herrlichem Glanz vor den unermeßlich steilen Wolkenklippen im Hintergrund.

Mit lebensfrohen Augen schritt Ulad unter dem Regenbogen.

»Sieh dein Königreich, Ulad«, sagte eine Stimme neben ihm, die so überaus süß war, daß sein Geist bis zu den Tiefen des Lebens hinabstieg. Er sah auf mit dem Gedanken, in die leuchtenden Augen des Harfners zu blicken. Doch es war das Gesicht von Aithnê, ihre Stimme, ihre Hand.

»Aithnê!« rief er.

»Wenn er noch lebt, so werde ich meinen König finden«, flüsterte sie. »Wenn er tot ist, so erwartet er mich. Es gibt nur eine Liebe.«

Es war in diesem Augenblick, als sich Colla der Weiße dort über das kalte Gesicht Ulads beugte, wo dieser jetzt bleich und still in dem großen Stuhl des *Ardrigh* saß und in die tiefe Ruhe der nun ungetrübten Augen blickte, seine zitternden Hände erhob und mit lauter Stimme rief: »Seht! Der Glanz des Königs!«

DIE DREI GEHEIMEN SCHRECKEN DER NACHT

— Der Rote Hirte, der Weiße Hund und der Dunkle Vogelschwarm —

In der großen Dunkelheit, wo die schimmernden Sterne
Wie der blendende Glanz einer Lichtwoge sind,
Regt sich der Schatten vom Ende der Kriege:
Doch nächtlich erhebt sich, aus einer blutigen Gruft,
Der Rote Hirte, der keinen Namen hat:
Hager und schrecklich ist er, eine furchtbare Flamme,
Die sich von Blut und vergehendem Leben und Tränen nährt;
Seine Füße sind schwer von den verwirrenden Jahren
Der zertretenen, trüb vergangenen Zeiten, und seine Augen
Sind so schwarz und unermeßlich leer wie Mitternachtshimmel.

Hüte dich vor dem Weißen Hund, dessen Gebell niemand hört,
Obwohl es der Wind ist, der die unsteten Sterne erzittern läßt:
Es ist der Hund, den die Menschen in alten, verlorenen Kriegen schauen
Und der auf der Fährte der wunden Jahre ist.
Bleiche Seelen in den fernsten Schatten sehen ihn aufschimmern
Wie eine lange Mondlanze,

Und wie ein mondweißer Strahl kommt er daher,
und die Seele
Ist wie aufgewirbelter Staub in dem Wald,
Worin der Weiße Hund läuft
Und worauf zeitlose Schatten lasten.

Hüte dich auch vor dem Vogelschwarm von den
Orten des Zwielichts,
Den spukhaft verlassenen Bahnen uralter Kriege —
Verwirrte und schreckensvolle, geflügelte und
schattenhafte Gesichter
Von heimatlosen Seelen, die unter ziehenden
Sternen dahintreiben.
Doch eines weiß ich gewiß: daß mich die Rote
Flamme,
Der Weiße Hund und der Dunkle Vogelschwarm
nicht mehr schrecken,
Der ich niemals wieder, durch alles Werden und
Vergehen
Und Vergehen und Werden des Schmerzes
Worte von den Lippen jener höre, die ich liebte,
Und deren Namen ich mich nicht mehr nennen höre
In ihrem Schattenhaar.

DIE SEIDE DER KÜHE

Wer spielt das Lied der Lieder auf den Hügeln des Traumes? Es heißt, daß die Liebe selbst jener Flötenspieler sei, denn es gibt kein Lied wie das ihre. Doch heute sah ich einen, in jenen trüben Gärten von Schatten und Schweigen, der ein Schilfrohr an die Lippen setzte und einen weißen Bannspruch der Liebe spielte.
Da wußte ich, daß Liebe und Tod eins sind, wie in dem alten Mythos von Angus mit den weißen Vögeln und den grauen Schatten.

I EILIDH UND ISLA

In den längst vergangenen Tagen, als Somhairle über die Inseln herrschte, war Eilidh das schönste Weib ihrer Zeit. Der König hatte geschworen, sie dem unter seinen Männern zur Frau zu geben, der sich als der Beste im Kampf erwiese, wenn die fomorischen Seeräuber aus dem Norden erneut über die Inseln hereinbrächen.

Eilidh, die auch Seidenhaar genannt wurde, lachte leise, als sie davon hörte. Denn sie liebte einen Mann, der für sie der einzige war: Isla, den Sohn des blinden Häuptlings Isla Mòr von Islay. Er war ebenso ein Krieger wie ein Dichter, und Eilidh wußte kaum zu sagen, ob sie mehr das Feuer in seinen Augen liebte, wenn er funkelnd in den Kampf hinauszog; oder das Leuchten in seinen Augen, wenn er Harfe spielte und von den Helden der Vorzeit sang; oder die Glut in seinen Augen, wenn er sie bei Sonnenuntergang traf und sprachlos vor ihrer Schönheit stand.

Eines Tages schickte sie ihn zur Insel der Schwäne und ließ ihn soviel vom Brustflaum der jungen Wildschwäne holen, daß sie sich daraus einen weißen Mantel weben konnte. Während der drei Tage, in denen er abwesend war, kamen die Fomorier über die Lange Insel.

Es war ein langer und harter Kampf; aber endlich wurden die Nordländer nach einem Blutbad zurückgedrängt. Somhairle, der König, wäre fast dabei erschlagen worden und die Raben hätten seine Augen gehackt, wäre nicht Osra mac Osra gewesen, der ihm aus tödlicher Gefahr half.

In jener Nacht, als das Ale aus großen Hörnern getrunken wurde, rief Somhairle nach Eilidh. Sie kam zu dem *Dûn*, und ein Gemurmel erscholl von vielen bärtigen Lippen. Der König blickte finster. Da wurde es still.

»Hier bin ich, König«, sagte Eilidh. Ihre Stimme war wie sanfter Regen in den Wäldern zur Zeit des ersten Grün.

Somhairle ließ seine Augen auf ihr ruhen. Schön war sie anzuschauen, und kein Wunder war es, daß sie Seidenhaar genannt wurde. Eine Sturmflut wogte in seinem Inneren, doch dann fiel sein Blick plötzlich auf Osra. Das Herz seines Verwandten, dem er sein Leben verdankte, war sein eigenes. Er lächelte, und die Lust nach Eilidh fiel von ihm ab.

»Eilidh, die Seidenhaar genannt wird, siehst du diesen Mann hier vor mir?«

»Ich sehe diesen Mann.«

»Laß seinen Namen auf deinen Lippen sein.«

»Es ist Osra mac Osra.«

»Es ist dieser Osra und kein anderer Mann, der dich

winden soll, Schöne Seide der Kühe. Ich habe ihm geschworen, daß er heute nacht bei dir liegen soll. So gehe dorthin, wo er sein Lager hat, und erwarte ihn auf den Hirschfellen. Von dieser Stunde an bist du sein Weib. Ich habe gesprochen.«

Doch ein Schweigen legte sich über alle dort, als sie nach einem lauten Gewoge aus Gelächter und Rufen sahen, daß Eilidh noch an der gleichen Stelle stand und sich nicht um das Wort des Königs kümmerte.

Somhairle grollte. Große, schwarze Augen unter wolkigem Haarschwall funkelten auf das Mädchen herab.

»Bist du etwa stumm, Eilidh?« fragte er endlich mit klirrender Stimme, »oder wartest du darauf, daß dich Osra davonträgt?«

»Ich lausche, König«, antwortete sie, und ihr Flüstern, das wie der Wind in der Heide war, wurde von allen gehört.

Da lauschten alle.

Keiner spielte so außer Isla mac Isla Mòr.

Dann wurden die Hirschfelle auseinandergeschoben, und Isla trat unter das Gelage.

»Willkommen dir, der du fern warst, als der Feind nahe war«, begrüßte Somhairle ihn mit bitterem Spott.

Doch Isla achtete nicht darauf. Er trat dicht an den König heran und wartete.

»Nun, Isla, der auch Isla-Aluinn, Isla der Schöne, genannt wird: Was wünscht du von mir, der du da stehst und schon nahe dem Tode bist?«

»Ich wünsche Eilidh, die Seidenhaar genannt wird.«

»Eilidh ist das Weib eines anderen.«
»Es gibt keinen anderen, König.«
»Ein kühnes Wort! Und wer sagt dieses?«
»Ich sage es.«
Somhairle lachte, und dieses Lachen glich einem schwarzen Unheilsvogel, der in einer Sturmnacht freigelassen wird.
»Und was ist mit Eilidh?«
»Laß sie selbst reden.«
Somhairle wandte sich an das Mädchen.
»Sprich, Seidenhaar!«
»Es gibt keinen anderen Mann, König.«
»Du Närrin, habe ich dich eben nicht mit Osra mac Osra vermählt?«
»Ich gehöre zu Isla-Aluinn.«
»Du kannst nicht die Frau zweier Männer sein.«
»Das mag sein, König. Ich weiß es nicht; doch ich weiß, daß ich das Weib von Isla-Aluinn bin.«
Finster blickte da der König. Keiner am Tisch wagte auch nur ein Flüstern. Osra hatte die Hand am Schwertgriff. Isla stand ruhig da und blickte mit leuchtenden Augen auf Eilidh; er wußte, daß nichts im Leben oder Tod zwischen sie treten konnte.
»Bist du nicht mehr Jungfrau, Eilidh?« fragte Somhairle schließlich.
»Nein, König.«
»Schande über dich, du Lustdirne!«
Das Mädchen lächelte, aber in ihren sich verdunkelnden Augen loderte eine Flamme.
»Ist Isla-Aluinn der Mann?«
»Er ist der Mann.«
Der König brach in ein bitteres Gelächter aus.
»Greift ihn!« befahl er.

Doch Isla rührte sich nicht, und so blieben jene, die ihn binden wollten, mit gezücktem Schwert unbeweglich stehen.

»Nimm deine Harfe«, sagte Somhairle, »und spiele das Hochzeitslied des Osra mac Osra und der Eilidh Seidenhaar.«

Isla lächelte, aber es war kein frohes Lächeln, und nur Eilidh verstand es. Dann schlug er die Harfe und sang aus der Tiefe seines Herzens dieses Lied an sie, die er mehr liebte als das Leben:

Eilidh, Eilidh, Herz meines Lebens,
  meine Flamme!
Zwei Männer sind es, die dich lieben und
  dich ihr Weib nennen;
Doch nur für einen kannst du dies sein,
  Eilidh, meine Freude!
Mich kennt dein Körper, und mein ist das
  Kind, das du trägst.
Du für mich, ich für dich, nichts sonst
  in der Welt,
  Eilidh mit dem seidenen Haar!
Nichts sonst in der Welt, nein, kein anderer
  Mann für dich und kein Weib für mich.

Da sprang Somhairle auf und stieß den Schaft seines langen Speeres tief in den Boden.

»Laßt die beiden gehen!« brüllte er.

Da traten alle still zurück, als Isla und Eilidh langsam zwischen ihnen hindurchschritten, und jeder wußte, daß sie in den Tod gingen.

»Diese Nacht soll ihnen gehören!« rief der König mit grimmigem Spott. »Dann, Osra, sollst du deine Lust büßen an Seidenhaar, und Isla-Aluinn soll dein

Sklave sein. Nach drei Monden von heute nacht an sollen beide geblendet und stumm gemacht werden, und nach wieder drei Monden sollen sie auf den Schnee zu den Wölfen geworfen werden.«

Doch in seinem Herzen stöhnte Osra wegen dieser einen Nacht, die Isla bei Eilidh vergönnt war, und so schlich er in der Stille der Dunkelheit verstohlen dorthin, wo die beiden lagen. Man fand ihn am Morgen da, wo er an Eilidhs Dolch tief in seinem Herzen lautlos gestorben war.

Niemand aber sah die beiden fortgehen — niemand außer Sorch, dem Bruder Islas, der später wegen seiner süßen Lieder Sorch Honigmund genannt wurde. Von allen Liedern, die er sang, übertraf keines das von der Liebe Eilidhs und Islas.

Sorch sah, kurz bevor die Sonne aufging, wie Isla und Eilidh Hand in Hand aus dem *Dûn* herauskamen, wo sie die ganze Nacht in ihrer tiefen Freude wachgelegen hatten. Ohne Eile, schweigend und noch immer furchtlos, liefen sie über die flachen Dünen, welche die See vom Land trennten. Das laute, frohe Lied der Wogen erfüllte den Morgen. Als die ersten Wellen ihre Füße umspülten, blieben sie stehen und warfen ihre Kleider von sich. Eilidh schleuderte den goldenen Reif aus ihrem dunklen Haar weit hinaus in die See. Isla zerbrach sein Schwert und sah zu, wie die beiden Hälften durch das wogende Grün davonglitten.

Am Ende von Sorchs Lied heißt es, daß weder er noch ein anderer weiß, ob sie zum Leben oder zum Tode gingen, als sie dort zusammen hinausschwammen, dem Sonnenlicht entgegen, und niemals wieder gesehen wurden.

II URLA UND ULA

Urla und Ula hatten einander gelobt, sich am Felsen der Sorge zu treffen. Doch Ula, der zuerst starb, stolperte blindlings, als er durch das Schattige Tor schritt, und Urla erinnerte sich nicht, als ihre Stunde kam.

Urla und Ula — diese Namen hatte man ihnen auf den Inseln des Nordens gegeben, als die *Birlinn*, welche die Kriegsgaleere der Wikinger versenkt hatte, sie vor den *Maormor* brachte. Kein Wort hatten sie gesprochen an jenem Tag und keinen Namen genannt; sie baten um nichts, denn beide wollten den Tod. Der *Maormor* von Siol Tormaid blickte Urla an, und Begehren nagte an seinem Herzen. Doch er wußte, was sie im Sinn hatte, denn er sah durch ihre Augen in ihre Seele und fürchtete einen jähen Tod in der Finsternis.

Dennoch brütete er Tag und Nacht über ihrer Schönheit. Ihre Haut war weißer als Mondschaum, und ihre Augen waren wie Tausterne in der Dämmerung. Wenn sie sich bewegte, erschien sie ihm wie eine Hindin im Farnkraut, und wenn sie sich neigte, so war es wie das Wogen von windbewegtem Wasser. Sie ließ seine Augen wie Sonnengefunkel auf ruhiger See schimmern. Seine Verblendung führte ihn in die Irre.

»Geh!« sagte er eines Tages zu Ula. »Die Männer von Siol Torquil werden dich zu den südlichen Inseln bringen. Von dort aus kannst du zu deinem eigenen Ort gelangen, sei es Eireann oder Manannan oder wo sonst der Südwind seinen Hauch auf deine Heimat legt.«

Da sprach Ula zum ersten Mal;

»Ich will gehen, Coll mac Torcall; aber ich gehe nicht allein, denn Urla, die ich liebe, geht dahin, wohin auch ich gehe.«

»Sie ist meine Beute. Doch, Mann aus Eireann, den ich nun an seiner Sprache erkenne, sage mir, von welchem Clan und aus welchem Land seid ihr gekommen? An welcher Küste bargen euch die Männer von Lochlin, die wir erschlugen, aus der See, als ihr der Sonne entgegenschwammt, und wessen Schwerter blitzten hinter euch am Strand, als euch das Wikingerboot fortführte?«

»Woher weißt du all diese Dinge?« fragte Ula, der Isla mac Isla Mòr gewesen war.

»Einer der Seeräuber sprach, bevor er starb.«

»Dann laß ihn wieder sprechen. Ich habe nichts zu sagen.«

Da runzelte der *Maormor* seine Stirn, doch er schwieg. Als Ula an jenem Abend in der Dämmerung an der See ging und leise ein altes Lied vor sich hin sang, wurde er ergriffen.

»Ist es Tod?« fragte er und dachte an einen anderen Tag der Tage, als er und Eilidh, die sie nun Urla nannten, dieselbe Frage auf den Lippen hatten.

»Es ist Tod.«

Ulad blickte düster und schwieg eine Weile. Dann bat er:

»Laßt mich ein Wort zu Urla sagen.«

»Kein Wort ist dir vergönnt. Auch sie muß sterben.«

Da lachte Ula leise.

»Ich bin bereit«, sagte er. Und sie erschlugen ihn mit dem Speer.

Als sie Urla die Nachricht brachten, erhob sie sich von den Hirschfellen und ging hinunter zum Strand. Dort berührte sie seine kalten Lippen und flüsterte in sein Ohr, das nichts mehr davon vernahm.

In jener Nacht schlich sich Coll mac Torcall heimlich dorthin, wo Urla war. Als er eintrat, stieg ein Stöhnen zu seinen Lippen, denn derselbe Speer, der Ula bei der See getötet hatte, war zwischen seine Schultern gestoßen worden von jener, die im Schatten stand. Er lag dort, bis man ihn fand im Morgengrauen. »Friß Staub, erschlagener Wolf«, war alles, was Eilidh, die man Urla nannte, gesagt hatte, ehe sie jenen Ort im Dunkel der Nacht verließ.

Als die Sonne aufging, war Urla in einer Schlucht inmitten der Hügel. Ein Mann, der dort Schafe hütete, brachte sie zu seiner Frau. Sie gaben ihr Milch und baten sie wegen ihrer Schönheit und der eisigen Stille in ihren Augen, bei ihnen zu bleiben und in Frieden zu leben.

Mit der Zeit erkannten sie, daß sie sich den Tod wünschte. Doch zuerst wurde das Kind geboren.

»Isla hat es so gewollt«, sagte sie zu der Frau. Ula war nur noch ein leerer Name — wie der Schatten einer Vogelschwinge; und auch sie war wieder Eilidh geworden.

»Es war Tod, was er dir mit dem Kind gegeben hat«, sagte die Frau einmal.

»Es war Leben«, antwortete Eilidh, und ihre Augen waren vom Schatten des Traumes erfüllt. Später einmal riet ihr die Frau, das Kind auszusetzen, daß es sterbe; denn ihre Schönheit sei wie Sonnenlicht an einem Wolkentag, und wenn sie weiterziehe, so schön und jung und allein, werde sie gewiß Liebe finden.

»Ja, Liebe . . .«, antwortete Eilidh. »Weil Isla mich liebte, wollte ich, daß ein zweiter Isla in die Welt kommt und seine Lieder singt — auch die Lieder, die er niemals sang, weil ich ihm Tod gab, als ich ihm Leben gab. Doch jetzt soll er wieder leben, und er und ich sollen eins sein in dem Wesen, das ich in mir trage.«

Da verstand die Frau und redete nicht mehr davon. Aus den Nächten erwuchsen die Tage, und der Staub von den Füßen des einen Mondes war in den Augen des nächsten, bis Eilidhs Stunde gekommen war.

Dämmerung um Dämmerung hatte Ula, der Isla der Sänger war, am Felsen der Sorge gewartet. Dann kam eine große Müdigkeit über ihn, und er dichtete ein letztes Lied über seinen Schmerz, denn danach hörte er das Schreiten der Stunden nicht mehr:

Ist es Zeit, die Stunde sich erheben zu
lassen
Und wie ein Hund hervorzukommen, der
von den Schlachtwagen losgebunden ist?
Ist es Zeit, die Stunde hervorkommen zu
lassen —
Wie den Weißen Hund mit seinen
Flammenaugen?
Denn wenn nicht Zeit ist, so würde ich diese
Stunde haben,
Die mir unter den Sternen geblieben ist,
Und könnte darin meinen Traum wieder
träumen
Und am Ende einen Namen flüstern.

Es ist der Name von einer,
Die für die Alten schöner als Jugend und
für die Jungen schöner als Leben war.
Sie war anmutiger als die erste Liebe von
Angus dem Schönen;
Und selbst wenn ich für hundert Zeitalter
blind und taub wäre,
So würde ich sie sehen, schöner als je ein
Dichter sie besungen hat,
Und ihre Stimme hören wie trauernde
Glocken, die im Wind rufen.

Endlich, nach vielen Tagen, schreckte er hoch. Ein Lied klang in seinen Ohren. Er lauschte. Es war wie sanfter Regen in einem Sommerwald, wie der Wind, der durch die Blätter lacht. Es mußte Eilidhs Stimme sein.

»Eilidh!« rief er, doch wieder kam die große Müdig-

keit über ihn, und so spürte er nicht die Hand des Kindes, die sich in seine legte.

Da schaute das Kind in das Herz des Sängers und sah dort einen Dunst aus Regenbogen und mitten darin das Gesicht Eilidhs, seiner Mutter.

Dann schaute das Kind in das Hirn des Sängers und sah darin eine stille Harmonie, und sie hatte die Stimme Eilidhs, seiner Mutter.

Und als es schließlich, mit dem Blau aus Islas Augen und dem Traumglanz aus denen der Eilidh, in die schimmernde Seele des Sängers schaute, sah es, daß sie ihm gleich war. Lange lauschte es auf die bittersüße Mondsaat darin.

Als der Morgen graute, war das Kind nicht mehr da.

»Sie ist nicht gekommen«, murmelte Isla, als er erwachte. »Es ist das Ende, die Finsternis und das Schweigen.«

Dann erinnerte er sich an die Worte des Druiden Maol, der ein Seher war und ihm erzählt hatte von Orchil, der dunklen Göttin, die unter der braunen Erde in einer weiten Höhle wohnt, wo sie an zwei Webstühlen webt. Mit einer Hand webt sie Leben durch das Gras nach oben; mit der anderen webt sie Tod durch den Mutterboden nach unten. Und der Schall des Webens ist Ewigkeit, und sein Name in der grünen Welt ist Zeit. Alles durchwebt Orchil mit den Querfäden von Immerwährender Schönheit, die nicht vergeht, obwohl ihre Seele Wandel ist.

Dies waren Orchils Worte auf den Lippen des Druiden Maol, der alt war und das Geheimnis des Todes kannte.

Wenn du zu dem Schattigen Tore fährst, so
nimm weder Hoffnung noch Furcht mit dir,

denn beide sind wie verschüchterte Hunde des Schweigens an jenem Ort. Nimm dir nur den purpurnen Nachtschatten zum Schlaf mit und ein Fläschchen mit Tränen und Wein — Tränen, die du selbst kennen mußt, und den alten Wein der Liebe. Dann wirst du ein stummes Fest feiern vor dem Ende.

Da neigte Isla den Kopf, denn in seiner Müdigkeit hatte er den Nachtschatten des Schlafes und in seiner Seele den langsam sickernden Regen vertrauter Tränen und tief in seinem Herzen den alten Wein der Liebe.

Es war schön, gelebt zu haben, da Leben Eilidh war.

Es war schön, nicht weiterzuleben, da Eilidh nicht mehr kam.

Dann hob er plötzlich den Kopf. Eine Melodie erklang aus der grünen Welt. Ein Sonnenstrahl öffnete die Erde über ihm, und er erblickte Angus Òg.

»O du schöner Gott der Jugend«, seufzte er. Dann sah er die weißen Vögel um das Haupt des Angus Òg fliegen und hörte das Lied, das sein Hauch auf der Harfe des Windes spielte.

»Steh auf«, sagte Angus Òg zu ihm; und als er lächelte, hoben die weißen Vögel ihre blitzenden Schwingen und woben einen Dunst aus Regenbogen.

»Steh auf«, sagte Angus Òg noch einmal; und als er sprach, zitterten die Spitzen des Grases wie von einer wildsüßen Weise.

Da erhob sich Isla, und die Sonne lag auf ihm, und sein Schatten glitt in die Erde. Orchil verwob ihn in ihr Gewebe des Todes.

»Warum harrst du hier am Felsen der Sorge, Isla, der zuletzt Ula genannt wurde?«

»Ich habe auf Eilidh gewartet, die nicht mehr kommt.«

Da neigte sich der Gott, der dem Wind lauscht, und legte sein Ohr auf das Gras.

»Ich höre die Füße einer Frau nahen«, sagte er und richtete sich auf.

»Eilidh!« rief Isla, und der Schmerz seines Rufes war ein Seufzer im Gewebe der Orchil.

Angus Òg nahm einen Zweig und hielt das kühle Grün gegen sein Gesicht.

»Eilidh!« rief Isla, und Angus Òg verwandelte seine Tränen in den matten Tau der Erinnerung.

»Ich höre ein Wort«, sagte Angus Òg, »und das ist wie eine Flamme der Freude.«

Isla lauschte auf etwas, was wie Vogelsang war, und sah einen hellen Glanz im Sonnenlicht.

»Ich bin gekommen, Isla mein König«, hörte er Eilidhs Stimme. Es war sein eigenes Leben, das da zu ihm gefunden hatte, und so kam Isla endlich in sein Königreich.

Sind sie vergangen, diese beiden, die mit unsterblicher Liebe geliebt haben? Oder ist dies nur ein Traum, den ich geträumt habe?

Fern in einem Inselheiligtum, das ich nie wiedersehen werde, wo der Wind die blinde Vergessenheitsrune der Zeit singt, habe ich die Gräser wispern hören:

Zeit war niemals, Zeit ist nicht.

DER SCHREI DES WINDES

Nach der großen und furchtbaren Schlacht auf dem Feld der Speere verließ Aodh der Harfner, der Aodh mit den Liedern genannt wurde, die Lager der Männer und ging in die Wälder. Ein Jahr lang und noch eine weitere Schneezeit trieb er in ihnen, wie ein verwehtes Blatt, hierhin und dorthin. Als sein verstreutes Volk ihn wiedersah, war sein braunes Haar grau geworden, und seine Augen waren wie die einer Frau, die müde vom Weinen ist; und wie die eines jungen Mannes, der müde von vergeblicher Liebe ist; und wie die eines alten Mannes, der des Lebens müde ist.

Er kam mit einem zerfetzten Hirschfell bekleidet aus dem Wald hervor; in seinen langen Locken waren Mistelzweige, und die mondweißen Beeren schienen wie Flußperlen in der grauen Asche seines Haares. Hinter ihm lungerten zwei hagere Wölfe, die mit hungrigen Augen unablässig zu ihm hochstarrten.

Als er vor den König kam, wo Congal der Schweigsame in seinem Festungsturm saß und Barach, dem blinden Druiden, lauschte, da stand er still, und seine Augen hatten den Ausdruck wie bei einem Mann, der von einem Hügel durch die Dämmerung auf eine ihm früher einmal vertraute Landschaft starrt.

Congal schaute ihn an.

»Das ist ein guter Tag, da wir dich wiedersehen, Aodh mit den Liedern.«

Aodh sagte nichts.

»Es ist ein Jahr und ein weiteres Viertel eines Jahres her, seitdem du in den Wald gingst und dich dort wie ein Schatten verlorst.«

Aodh antwortete nichts.

»Hast du in all jener Zeit etwas erfahren, was wir nicht erfahren haben?«

Aodh bewegte sich und blickte gespannt auf den König und auf das weiße Haar und das bleiche Gesicht von Barach dem Blinden. Dann sah er zu den beiden hageren Wölfen an seiner Seite und lächelte.

»Ja, Congal, Sohn des Artan, ich habe gesehen und gehört.«

»Und was magst du gesehen haben und was hast du gehört?«

»Ich habe den Schrei des Windes gehört.«

»Den haben wir auch gehört. Was ist denn in dem Schrei des Windes, das wir nicht gehört haben?«

»Ich habe den Tau von den Sternen herabfallen und wie bleichen Rauch wieder zu den Sternen aufsteigen sehen, bis sie naß und glänzend waren wie die Schuppen eines Lachses, der im Mondschein springt.«

»Das haben wir auch gesehen, Aodh mit der Harfe.«

»Ich habe das Kommen und Gehen der Sterne gesehen.«

»Das haben wir auch gesehen, Aodh.«

»Mehr gibt es nicht.«

»Gibt es in Wahrheit nicht mehr zu sagen?«

»Nur den Schrei des Windes.«

Congal der König saß mit brütenden Augen auf seinem Platz.

Aodh stand vor ihm und sah, was er zwischen dem Kommen und Gehen der Sterne erblickt hatte.

»Spiel uns ein Lied, Aodh aus den Wäldern.«

Da nahm Aodh seine Harfe, schlug die Saiten an und sang:

Weit bin ich in den trüben Wäldern
gewandert
Und habe von Kummer und Schmerz und
den unbestimmbaren Jahren gewußt,
Die an den einsamen Orten umgehen.
Wo sind nun die vielen Menschen
Vom Feld der Speere?
Alte Tränen
Fallen wie Regen auf sie,
Und ihre Augen sind still unter den
braunen Blättern.

Ich habe die unzähligen Toten gesehen;
Auch ich werde einmal so liegen,
Und auch du, Congal,
Wirst still und weiß
Unter dem Sternenhimmel liegen
Und dich nicht mehr zu einem Feld der
Speere erheben,
Sondern dich unter den braunen Blättern

An den Schmerz und alte salzigbittere
   Tränen erinnern.

Und ich habe den Schrei des Windes gehört;
Es ist der Schrei, der in meinem Herzen ist:
Oona mit den dunklen Augen,
   Oona mit den dunklen Augen,
Oona, Oona, Herz meines Herzens!
Doch da ist nur der Schrei des Windes
Durch die schweigenden Weiten des
   Himmels,
Tautropfen, die steigen und fallen,
Das Vorbeiziehen langer Jahre
Und die Decke aus braunen Blättern
Für den vertrauten Schmerz und
   alte Tränen.

Niemand sprach, als Aodh an das Ende seines Liedes gekommen war und auch nicht mehr Harfe spielte. Denn alle wußten, daß er Oona mit den dunklen Augen, die er liebte, von einem Speer erschlagen fand, als er nach der Schlacht auf dem Feld der Speere zu dem rauchenden, verwüsteten Sitz des Königs zurückgekehrt war.

Er hatte lange auf sie geblickt, aber nichts gesagt. Und als sie in jener Nacht weißgekleidet, mit bleichen Apfelblüten in ihrem schattigen Haar, in die dunkle Erde gelegt wurde und sich aufrecht und stolz hielt, so als sähe sie weise Augen auf sich gerichtet, da hatte er ein Lied für sie gemacht und war dann stumm bis zum Morgengrauen geblieben. Niemand hatte eine so seltsame und wilde Musik gehört und jemals einem solchen Lied gelauscht, in dem die Worte so achtlos rasselten und klirrten wie das Echo fallender Schwerter. Am Morgen hatte Duach, ein Druide, in *Ogham*-Runen ihren Namen in einen Stein eingeprägt. Aodh hatte vom Morgengrauen bis zum Sonnenaufgang dabeigestanden. Dann lachte er leise, strich mit seiner Hand über den Stein und flüsterte: »Komm, du Weiße, komm«, und damit war er in die Wälder eingetaucht.

An diesem Tag seiner Rückkehr war er sogleich zu dem Stein auf der Eichenlichtung gegangen.

»Ich komme, du Weiße«, hatte er dort geflüstert und mit zögernd verweilender Hand über den weißen Stein gestrichen.

Als Aodh sich von dort nach dem Sitz des *Ardrigh* gewandt hatte und vor Congal gebracht wurde, war ein Leuchten auf seinem Gesicht.

Alle wußten, wovon Aodh auf Bitten des Königs in jenem schmerzvollen Lied gesungen hatte. So kam es, daß niemand ein Wort sprach. Es herrschte tiefes Schweigen, während er langsam, wie in einem Traum, bald an die eine, bald an die andere Saite seiner Harfe rührte.

Plötzlich war es, als würde er erwachen.

»Wo sind meine drei Hunde?« fragte er.

Congal blickte mit ernsten Augen auf ihn.

»Groß war deine Liebe, Aodh. Keiner hatte je größere Liebe für eine Frau, als es deine Liebe zu der schönen Oona war. Doch nun hat großer Schmerz einen Schleier auf deine Augen gelegt.«

»Ich höre den Schrei des Windes, Congal.«

»Ja?«

»Und schön ist der Mond, den ich weiß und wunderbar zwischen den Sternen dahingleiten sehe.«

»Es steht noch kein Stern am Himmel, außer dem

Stern des Fionn, und es ist auch kein Mond zu sehen, Aodh mit den Liedern!«

»Schön ist der Mond, den ich weiß und wunderbar zwischen den Sternen dahingleiten sehe. Ach, Oona, du weißes und wunderbares Antlitz der Schönheit!«

Der König schwieg. Niemand sprach.

»Ich höre den Schrei des Windes, Congal.«

»Ja?«

»Wo sind meine drei Hunde, König?«

»Da waren zwei Wölfe, die mit dir aus dem Wald herauskamen — ein Wolf und eine Wölfin. Sie sind fort.«

»Es waren drei.«

Niemand antwortete.

»Es waren drei, König. Und nun ist nur noch einer bei mir.«

»Ich sehe keinen, Aodh mit den Liedern.«

»Es waren drei Hunde bei mir, Congal, Sohn des Artan. Sie werden Tod und Leben und Liebe genannt.«

»Ich sah nur zwei Wölfe.«

»Ich höre den Schrei des Windes, Congal der Schweigsame.«

»Ja?«

»In jenem Schrei höre ich das Heulen der beiden Wölfe, die du gesehen hast. Es sind Tod und Leben. Sie streifen durch den dunklen Wald.«

»Ist jetzt ein Wolf oder ein Hund hier vor uns, Aodh mit den Liedern?«

Aodh antwortete nicht, denn sein Kopf war zur Seite gewendet, und er lauschte, wie ein Hirsch an einer Quelle.

Barach der Blinde stand auf und sprach:

»Es ist ein weißer Hund neben ihm, König.«

»Ist es der Hund Liebe?«

»Es ist der Hund Liebe.«
Aus dem Schweigen heraus sprach der König:
»Was hörst du, Aodh mit den Liedern?«
»Ich höre den Schrei des Windes.«

Vielleicht hat er geliebt; ganz sicher hat er gelitten. Unausweichlich muß auch er jene Klänge vernommen haben, »die aus dem fernen Land des Glanzes und des Schreckens kommen«; und an manchem Abend hat er sich stumm gebeugt vor Gesetzen, die tiefer sind als die See.
(Maurice Maeterlinck)